JN410870

# 지구촌
# 끝까지

# 지구촌 끝까지

초판 1쇄 인쇄일 2018년 10월 24일
초판 1쇄 발행일 2018년 10월 31일

**지은이** 신재균
**펴낸이** 양옥매
**디자인** 표지혜
**교 정** 조준경, 허우주

**펴낸곳** 도서출판 책과나무
**출판등록** 제2012-000376
**주소** 서울특별시 마포구 방울내로 79 이노빌딩 302호
**대표전화** 02.372.1537 **팩스** 02.372.1538
**이메일** booknamu2007@naver.com
**홈페이지** www.booknamu.com
ISBN 979-11-5776-626-0(03980)

이 도서의 국립중앙도서관 출판시도서목록(CIP)은
서지정보유통지원 시스템 홈페이지(http://seoji.nl.go.kr)와
국가자료공동목록시스템
(http://www.nl.go.kr/kolisnet)에서 이용하실 수 있습니다.
(CIP제어번호 : CIP2018031037)

ALASKA / EVEREST / PATAGONIA / HIMALAYA

# 지구촌 끝까지

책나무

글 · 사진 신재균

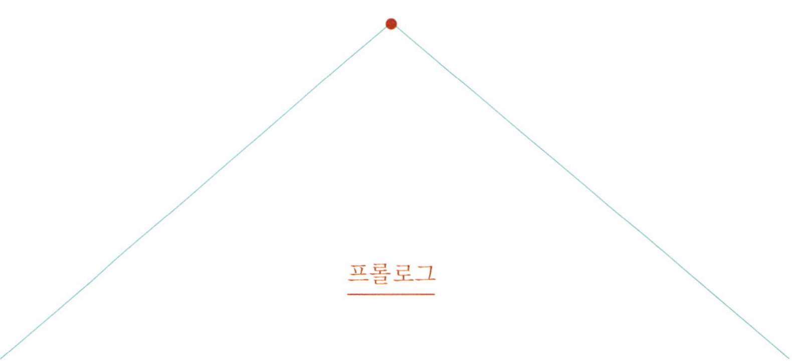

# 프롤로그

『걸으니까 보이더라』 출판 후 생각지도 못한 많은 사랑을 받아, 이에 보답하고자 두 번째 여행기 『지구촌 끝까지』를 출간하였다. 이 책은 세계 4대 산맥의 하늘 아래 숨겨진 장엄한 풍광을 보고 느낀 여행기다. 세상은 너무 넓어서 다 가 볼 수 없다. 허나 이 책을 통해서라면 지구촌 4대 산맥의 대표적인 트레일과 아름다운 세상을 만날 수 있을 것이다. 자연 속에 묻혀 있는 아름다운 풍경 사진도 글의 분량과 비슷하다. 그리고 지구촌 4개국에 옮겨 살면서 그들의 문화를 직접 체험하지 않고서는 겪을 수 없는 잔잔한 이야기도 이 책에 담겨 있다.

세상에는 특정 지역에서만 볼 수 있는 아름다움이 있다. 하늘 아래 가장 높은 히말라야산맥, 지구촌에서 가장 아름다운 풍경이 숨겨진 알프스산맥, 흥분과 감동을 가슴 깊은 곳까지 울려주는 로키산맥, 다양한 자연과 색다른 세상이 펼쳐지는 안데스산맥. 대자연 속에서 자연을 느끼게 하는 풍경들이 세계 4대 산맥의 깊숙한 곳에 숨어 있다.

미국에서 캐나다를 거쳐 이루어진 달포간의 알래스카 캠프 여행은 정겨운 나날이었다. 끝없이 펼쳐지는 알래스카 하이웨이에서는 사람보다 동물과 자주 마주쳤다. 북극의 태양과 황막한 툰드라 지역은 신비스러웠다. 북두칠성과 북극성은 손을 뻗으면 잡힐 것만 같았고 별똥별이 손짓하며 다가왔다. 검푸른 밤하늘에는 오로라 꽃이 휘날렸으며, 내 인생에서 가장 큰 별을 보았다. 북극의 하늘에 있는 것은 다 아름답게 보였다.

히말라야산맥의 동북면 에베레스트로 가는 마을에는 빵 한 조각 감자 한 톨을 구하기 위해 눈물겨운 삶을 보내는 사람들이 살고 있었다. 그들은 가난하지만 마음은 따뜻하였다. 처음 보는 사람에게도 따뜻한 미소를 보내며 겸손하였다. 그들은 자신을 가장 낮은 자리에 놓고 사는 사람들이었다. 히말라야 동쪽의 부탄왕국 사람들은 세상의 시련을 다 겪으면서도 행복하게 사는 사람들이었다. 그런 특유의 순박함과 친절함은 어디에서 오는 것인지 의구심마저 들었다. 그들은 자연의 세상에서 자연의 순리대로 살아가는 사람들이었다. 그들과 함께한 계절은 동화 속의 삶이었다. 지금도 히말라야를 연상하노라면 내 가슴은 행복해진다. 히말라야에서 보낸 6년은 그들의 눈물과 웃음도 헤아려 보게 해 주었다.

안데스산맥의 최남단 파타고니아는 여행의 즐거움을 발끝으로 느끼는 곳이었다. 다른 곳에서는 느낄 수 없는 기암절경이 그곳에 있었다. 말로는 표현할 수 없을 만큼 다양한 자연과 가슴 떨리는 세상이 펼쳐지는 곳이었다. 한적한 산길은 더디게 밟았고, 밤길은 빛을 기다렸다. 우리가 아는 세상과는 아주 달랐다. 다른 산맥에서는 볼 수 없는 자연의 아름다운 풍치가 숨겨져 있었다. 일생에 한 번쯤 가 볼 만한 가치가 있는 곳이었다.

알프스산맥의 정겨운 눈길에는 세상의 아름다움이 묻혀 있었다. 거대한 자연 속으로 가깝게 가는 하얀 눈길은 햇빛을 받아 눈이 시리도록 아름답게 빛났다. 길을 잘못 들면 영영 되돌아 나오지 못할 것 같았다. 아무것도 없는 새하얀 눈의 세상에서는 사람도 풍경처럼 아름답게 보였다. 이탈리아의 알프스 돌로미티는 산장에서 산장으로 이동할 때마다 보석처럼 위엄을 뽐내는 기암괴석의 신비한 풍경에 눈이 즐거웠다. 마치 하늘 아래 꼭꼭 숨겨진 풍경을 나만이 보는 기분이었다. 이른 아침 구름바다 위로 각양각색의 기암괴석이 떠 있는 모습이 마치 바닷속에 솟아오른 외딴 섬처럼 보였다. 알프스산맥은 바람결도 다르고 구름조각도 달랐다.

로키산맥의 신비한 풍경들은 자연의 감성을 느끼게 하였다. 같은 태양 아래 자연의 색깔도 달랐다. 자연 속에서 행복을 느꼈다. 마치 신선이 되어 천상에 있는 듯한 느낌이었다. 청명한 하늘 아래 아름다운 호수와 빙산 위로 고운 노을이 물들고, 소근대는 호수물 소리는 고달픔으로 얼룩진 추억도 치료해 주었다. 빼어난 자연에 피어난 풍경은 감동을 일으켜 마음의 창문도 절로 열리게 하였다. 로키의 자연은 가슴을 향기롭게 물들이는 힘이 있었다. 로키를 대표하는 트레일은 다 가 보고 싶다.

나에게 여행은 모험이었으며 마음과 정신을 젊게 만드는 보약이었다. 여행은 돈이 없어도 나를 행복하게 하였고 마음을 여는 법도 가르쳐 주었다. 여행을 통해 자연의 경이로움을 더 가깝게 느끼도록 하였다. 중년 인생이 흔들렸을 때 백팩을 휘날리며 높고 낮은 산과 호수를 건넜던 시간은 나에게 아름다운 세상을 보게 해 주었고 삶의 지혜도 가르쳐 주었다.

장미의 도시 포틀랜드에서 2018년 신재균

알래스카
로키
알프스
히말라야
파타고니아
© 2009 www.outline-world-map.com

87 - '88
Korea Winter
Everest Expedition
87 12 25

# CONTENTS

2장

## 에베레스트 전망대로 가는 길



3장

## 하늘 아래 숨은 비경

4장

## 히말라야 횡단버스



5장

## 히말라야에 피운 한국 꽃

1장

# 하얀 장막 속의 알래스카

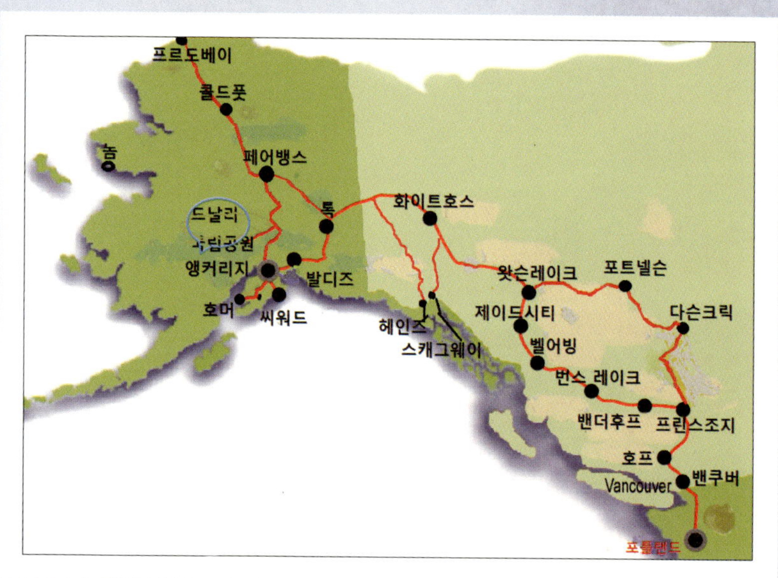

프르도베이
콜드풋
놈
페어뱅스
톡
화이트호스
드날리
앵커리지
발디즈
호머
씨워드
헤인즈
스캐그웨이
왓슨레이크
포트넬슨
제이드시티
다슨크릭
벨어빙
번스 레이크
밴더후프
프린스조지
호프
Vancouver
밴쿠버
포틀랜드


■ 북미 자동차 여행길

# 자동차에 담아 온 알래스카

알래스카에는 여름과 겨울 두 계절이 존재합니다. 여름이면 북극의 태양은 21시간 떠 있고, 겨울이면 21시간 동안 해를 볼 수 없습니다. 알래스카의 겨울은 매서운 추위에 입이 떨어지지 않으며 태양도 건너뜁니다. 자연의 숨결이 숨어 있는 유혹적인 알래스카로 자동차 캠핑여행을 떠납니다. 몸과 마음의 시계가 멈춰 버렸던 2006년, 미국 서부 오리건주 포틀랜드는 바싹 타오르는 듯한 더운 날씨였습니다. 우리는 자동차로 4시간 만에 워싱턴주 시애틀 다운타운을 지났습니다.

미국에서 6번째로 교통체증이 심한 시애틀이지만 정오 시간이라 하이웨이 5번은 쉽게 뚫렸습니다. 7시간 만에 도착한 캐나다 국경 검문소에서는 농산물과 식품 검사가 깐깐히 이루어졌습니다. 입국신고서에 소고기는 없다고 하였는데 김밥에 넣은 소고기가 문제가 되었습니다. 김밥, 포도, 삶은 계란 모두 반입금지 물품입니다. 유해세균 유입과 병충해 위험성 때문입니다. 허위신고 시 즉석에서 벌금을 물리지만, 다행히도 경고를 받는 것으로 일단락되었습니다.

캐나다 국경에서 자동차로 40여 분을 달려 밴쿠버 다운타운 북서쪽에 자리 잡은 도심 최대의 스탠리 공원에 들렀습니다. 자연의 운치를 감상할 수 있는 세계적인 공원입니다. 입구부터 거대한 더글라스, 전나무, 붉은 삼나무 등 아름다운 원시림과 순환산책 도로가 10km에 달하는 곳입니다. 수백 년이 넘는 아름드리 원시림 사이로 설계된 도로입니다. 토템폴에 들렀습니다. 목재 조형물로 사람 얼굴, 동물, 물고기, 다양한 그림이 담겨 있는 곳입니다. 우리나라의 장승과 비슷하며 종교적인 상징물입니다. 디자인도 각기 다릅니다. 공원 주변으로 형성된 밴쿠버는 3면이 바다로 둘러싸여 세계 4대 미항이라는 말이 어색하지 않습니다. 공원 앞 해변으로 고급 요트들이 정박해 있고 콜하버 근처에는 아름다운 고층 건물들이 한눈에 들어왔습니다.

오후 늦은 시간, 친구가 살고 있는 코퀴틀람 시티를 찾았습니다. 코퀴틀람은 아름다운 산과 바다에 근접한 아늑하고 조용한 도시입니다. 친구가 살고 있는 하얀 페인트칠 2층집은 깨끗한 느낌을 주었습니다. 우리 눈엔 주변 풍경이 정겹게 보였습니다. 밴쿠버의 산들바람은 바다 냄새가 묻어 있었습니다. 대학 친구 내외는 소박하고 검소한 사람들입니다. 그들은 여러 종류의 해산물로 밤늦도록 파티를 열어 주었습니다. 생각 이상으로 잘해 주었습니다. 다음 날 헤어지는 게 아쉽다며 눈시울을 적셨던 따뜻한 친구입니다.

## 비밀의 정원

다음 날 브리티시컬럼비아의 주도인 빅토리아로 이동하여 빅토리아의 관문인 인어하버로 향했습니다. 첫눈에 들어오는 페어몬트 엠퍼러스 호텔의 돌담장을 덮은 담쟁이덩굴은 고전미를 풍겼습니다. 시내에서 20여 분 거리인 빅토리아의 명소 부차드가든에 들렀습니다. 전 세계에서 꽃과 나무를 들여와 정원을 만들었다는 공원입니다. 세상에서 이름난 꽃은 다 있고 없는 꽃이 없습니다. 아름답게 꾸며진 잔디밭, 정원 산책로, 일본 정원, 장미정원, 이탈리아정원, 지중해정원, 연못과 분수대, 청동 작품 등 볼거리가 수없이 많은 곳입니다.

'성큰가든' 전망대 계단을 내려가면서 화원을 보는 순간 그 아름다움에 나도 모르게 감탄사가 나왔습니다. 그리고 한동안 그 화사한 꽃들에서 눈을 뗄 수 없었습니다. 꽃향기는 사람들을 끌어들이는 흡인력을 가졌습니다. 영국에서 왔다는 중년 부부는 천국에서나 볼 수 있는 화원이라며 극찬하였습니다. 10여 년 전에 방문했을 때보다 모든 것들이 더 화려하게 바뀌었습니다. 1904년에 만든 공원에는 그 아름다움을 유지하기 위해 매년 50여 명의 정원사가 일합니다. 기념으로 공원 인포센터에서 꽃

■ 자연의 운치를 감상할 수 있는 스탠리 공원의 토템폴

씨를 구입하였습니다. 한적한 우리 집 뒤뜰에 밴쿠버의 향기를 심어 보렵니다.

우리는 바닷가 의자에 앉아 석양을 구경하였습니다. 석양은 언제나 아름답습니다. 물들었던 하늘빛이 어둠으로 변하고 별이 하나둘 떠오를 때 호텔로 돌아왔습니다. 낯선 도시에서의 밤은 항상 감상적입니다.

오늘은 밴쿠버 다운타운을 가로질러 약 480km 북쪽 캐나디언 하이웨이 1번상에 예약한 리턴 캠프장으로 이동합니다. 밴쿠버를 벗어나 사디

■ 세계에서 이름난 꽃은 다 있는 부차드가든 전경

스 근교의 평원에서 자유롭게 거니는 가축들이 행복해 보였습니다. 들판의 푸른 초원은 싱그러웠고, 작열하는 태양 아래 풀을 뜯는 소 떼가 평화로워 보였습니다.

호프라는 조그만 마을을 지나쳤습니다. 미국의 여느 시골 마을처럼 한가하였습니다. 간단한 식사를 하기 위해 하이웨이에서 내렸습니다. 마을길 음식점 점원은 정겹고 상냥한 표정으로 우리를 안내해 주어 마음이 편했습니다. 캐나다의 인상은 정겨운 사람들이 모여 사는 곳 같습니다.

"아름다운 말이 아름다운 삶을 이끈다."는 말이 있습니다. 여행 초반부터 캐나다 사람들은 친절하고 인간미가 있었습니다.

하이웨이를 5시간 정도 달리다 보니, 도로 옆으로 커다란 나무판자에 리턴 마을의 스키히스트 지명이 새겨져 있었습니다. 브레이크를 밟아 속도를 줄이며 주변을 살폈습니다. 마을 주변을 두루 살피며 지나갔지만 마을을 벗어나 이내 산속으로 접어들었습니다. 캠프장을 지나친 것 같아서 되돌아갔습니다. 조그마한 마을을 두 번이나 돌았습니다. 찾고 보니 캠프장 사인이 너무 작은데다 글씨도 희미하여 눈에 띄지 않았습니다.

이른 아침 하이웨이 97번 북방 프린스 조지를 거쳐 1,280km 북쪽 매클라우드 레이크의 위스키 포인트 캠프장으로 이동합니다. 계곡과 평원, 호수와 강 그리고 황무지 길을 달리고 또 달렸습니다. 여름 햇살인데도 야채나 과일나무가 보이지 않는 걸 보니 농사는 안 되는가 봅니다. 가끔 이름 모를 꽃들은 마지못해 피었고, 활짝 핀 꽃은 보이지 않습니다.

프린스조지 도심의 슈퍼마켓에 들렀습니다. 식품가격이 미국보다 20% 뜨거웠습니다. 프린스조지는 캐나다 중북부 교통망의 중심지로 제재업에 큰 비중을 둔 산업 도시입니다. 밴쿠버를 떠나 처음 만나는 큰 도시입니다. 해가 떨어져서야 위스키 캠프장에 도착하였습니다. 캠프장은 하이웨이에서 멀지 않은 곳에 있었으며 관리인도 없었습니다. 건너편 텐트에서 들리는 80년대의 흘러간 음악 소리는 조용한 밤공기를 덥히며 텐트 속을 행복하게 하였습니다.

맑고 푸른 하늘, 공기 냄새도 산뜻한 아침입니다. 오늘은 도슨 크릭,

■ 끝이 안 보이는 적막한 알래스카 하이웨이

■ 끝없이 펼쳐지는 적막한 고속도로에서 사람보다 자주 마주치는 곰

포트 세인트 존, 포트 넬슨을 북상하여 왓슨 레이크에서 제일 유명하다는 빅혼 모텔로 이동합니다. 960km, 16시간 거리입니다. 중간에 도슨크릭 삼거리에 도착하였습니다. 알래스카 하이웨이의 출발점입니다. 주유소, 호텔, 음식점, 도로변 건물들이 잘 정돈되었습니다. 이곳은 한때 골드러시로 많은 사람들이 모여들었는데 현재는 1,400여 명이 거주하는 한적한 마을로 변했습니다. 마을에는 골드마인 관광투어가 있는데, 금을 채취하면 가져갈 수 있다고 합니다.

# 알래스카 하이웨이

브리티시컬럼비아주의 도슨 크릭에서 2,450km 북방 알래스카의 제2 도시 페어뱅크스까지를 '알래스카 하이웨이'라 부릅니다. 1942년 2차 대전 때 미국이 캐나다와 협의하여 보급품 수송 도로를 만들었습니다. 캐나다에서 땅을 제공하고 미국이 도로를 만들어 공유하는 도로입니다. 얼어붙은 동토를 미국이 군인 10,000여 명을 8개월간 투입하여 완공시켰으며, 미국인들의 개척정신이 배어 있는 도로 중 하나입니다.

알래스카 하이웨이를 달리다 보면 도로를 거니는 야생동물들을 자주 마주칩니다. 자동차가 지나쳐도 눈길 한번 안 주는 놈들입니다. 여행자들이 경적도 안 울리고 자동차를 세우고 기다리는 아름다운 매너도 볼 수 있습니다. 큰 짐승들과 높은 산, 호수가 어울려 원시의 자연을 느낄 수 있는 고속도로입니다.

도슨 크릭에서 40여 분을 달려 포트 세인트 존에 도착하였습니다. 거리에는 중장비 기구 상점이 많았습니다. 이런 시골에 웬 중장비가 많을까 의구심이 생겼습니다. 차에 가스도 충전하고 커피도 마실 겸 주유소에 들렀습니다. 겸손한 여점원에게 말을 걸었더니, 한때 이곳은 오일 샌드가 쏟아져 경기가 좋았답니다. 모래나 점토 속에 중질 원유가 섞여 있는 것이 오일 샌드랍니다. 현재는 그때의 영광은 오간 데 없지만 아직도 오일이 생산된다고 합니다. 이곳은 오일 생산에 필요한 장비들을 대여하는 곳이랍니다.

세인트 존을 지나치니 멀찌감치 높은 산들과 잡나무, 호수와 평원이 끝없이 펼쳐졌습니다. 길가의 야생화도 이채롭습니다. 극한의 기후 조건과 혹독한 환경에서 자라는 야생화에 눈길이 끌렸습니다. 차를 세우고 야생화를 꼼꼼히 살펴보니 이쁘기도 하였습니다. 무엇을 먹었기에 이렇게 이쁜 향을 낼 수 있을까? 너무 예뻐서 만져 보았습니다. 야생화는 꽃잎을 흔들며 건드리지 말라는 몸짓을 하였습니다.

넓고 쓸쓸한 허허벌판에 사람 흔적은 없고 늑대나 사슴, 무스 같은 동물들만 보였습니다. 한두 시간을 달려야 사람을 구경할 수 있습니다. 도로변에 마을이 없으니 주유소도 없습니다. 가스가 얼마나 남았는지 눈여겨보며 주유소가 나오면 가스를 채우면서 달리고 또 달렸습니다. 테슬린이라는 호수는 30여 분을 달려도 벗어나지 못했습니다.

캐나다의 유콘 테리토리에는 알래스카 하이웨이 도로 보수공사로 공사구간에 20-30대의 차량이 밀렸습니다. 혹독한 겨울을 넘기려면 웬만한 도로포장으로는 다음 해까지 견디기도 어려울 것 같습니다.

핑크 마운틴이라는 거대한 돌산 계곡을 지나다 자동차를 세웠습니다. 반대편에서 오던 자동차도 주차를 하였습니다. 그들도 몇 시간 사람 구경 못 하였다며 반가운 표정이었습니다. 허허벌판에서 사람을 만났으니 피부 색깔이야 문제가 될 것도 없고 서로가 반가웠습니다. 그들은 미국 동부 최남단 플로리다주에서 왔답니다. 정년이 넘어 보이는 부부가 6살 꼬마를 동반하였습니다. 손자를 데리고 알래스카 여행을 즐기고 돌아가는 길이랍니다. 행복해 보이는 꼬마에게 알래스카 여행 소감을 물었습니다. 꼬마는 "밤이 없는 나라"라며 "만년빙산, 연어낚시, 개썰매"를 해 본 것이 재미있었다고 하였습니다.

적막한 벌판을 한동안 달리다 문초 호숫가에 차를 멈추었습니다. 자연 속의 자연 같은 풍경입니다. 호수 풍경이 청순한 느낌을 주었습니다. 은은하고 그윽한 향기마저 풍겼습니다. 호숫가 야생화 꽃향기가 바람에 날려서 나는 향이었습니다. 산과 호수는 언제나 아름다움을 선사합니다. 고즈넉한 호숫가의 오후 풍경, 한없이 평화롭고 아늑해 보였습니다. 호수 속에 보이는 우리의 그림자는 웃고 있었고 행복한 모습입니다. 우리 가슴에 숨어 있는 모습을 고스란히 보는 것 같습니다.

만일 모텔 예약이 안 되었다면 호숫가 캠프에서 하루 정도 쉬고 싶은 곳이었습니다. 넓은 하늘과 깊은 산을 품었지만 흐르지 못하는 호수는 이 아늑한 곳에서 외롭게 쉬고 있습니다. 호숫가에 발길을 멈추니 내 마음도 맑은 물속으로 가라앉는 것 같습니다.

호수에 들어갔다 나오면 마음도 넓어질 것만 같습니다. '호수같이 맑고 넓은 마음으로 살 수 있다면….' 하는 희망의 욕심도 품어 보았습니다. 호숫가 휴게소 주변 풍경은 보고 또 보아도 정겨웠습니다. 간이 테이블에서 점심을 먹으려 간식을 꺼냈더니 모기 떼가 기습 공격을 하였습니다. 한국 모기보다 5배 정도나 큰 모기입니다. 우리는 준비했던 얼굴 보호 방충망으로 중무장하였습니다. 끊임없이 귓가를 서성대는 소리는 징그러울 정도였습니다.

차 안으로 대피하여 허기를 달래고 한적한 도로를 달리니 참을 수 없는 잠의 유혹이 밀려옵니다. 요놈의 졸음 타령을 하는데 갑자기 도로변에 새끼곰이 지나갑니다. 차를 세우고 지켜보았더니 가까운 숲속에서 어미곰이 우리를 훔쳐보고 있었습니다.

밤 10시가 넘었으나 아직도 해는 중천에 떠 있습니다. 도로에는 안내판도 없어 우리가 어느 지점에 있는지 예측도 할 수 없습니다. 새벽 1시경에야 왓슨 레이크에서 제일 크다는 '빅혼' 모텔을 찾느라 마을을 오르락내리락하였습니다. 마침 지나가는 경찰차를 세우고 물었더니 바로 건너편 주유소 건물이었습니다. 모텔 문은 열려 있었는데 종업원은 없었습니다. 현관 입구를 살펴보니 우리의 이름과 방 번호 그리고 키가 걸려 있었습니다. 자정이 넘어서는 셀프서비스였습니다. 사흘 만에 행복한 목욕을 하고 단잠에 빠졌습니다.

왓슨 레이크 모텔에 세워 둔 자동차 뒷유리창에 동네 꼬마들이 손가락으로 "클린업" 이라고 낙서를 해 두었습니다. 유리창 좀 닦고 다니라는 말입니다. 나도 어렸을 때 이런 장난을 해 본 적이 있습니다. 순진한 장난기라 생각하니 밉지가 않았습니다.

소박하게 어우러진 동네 풍경이 마음에 평안을 주었습니다. 시내 삼거리에 "사인 포스트 포레스트(sign post forest)"라 적힌 사인이 있습니다.

수없이 많은 차량 번호판들이 도로변의 사인판을 꽉 채웠습니다. 이곳 자동차 번호판은 알래스카 하이웨이 공사에 투입된 미군 병사가 고향을 그리며 자기 고향까지의 거리를 적어 놓은 것이 발단이 되었답니다. 지금은 7,000여 개의 자동차 번호판으로 장식한 초대형 간판이 되었습니다.

유콘 테리토리는 어디를 달려도 자연의 경이로움이 가득합니다. 극한의 기후를 이겨 내며 살아가는 사람들이 경이로워 보였습니다. 어쩌다 길거리 휴게소에서 만나는 차량이 너무 반가울 정도로 하이웨이는 적막하였습니다. 도로는 얼고 녹으며 보수가 제대로 안 되어 속도를 낼 수도 없습니다.

오늘도 희망의 여행길은 지겹지도 않습니다. 화이트호스를 지나 928km 북서쪽에 있는 헤인스 정션에 위치한 캠프장으로 이동합니다. 지난 3일은 브리티시컬럼비아주를 달렸으나 오늘은 왓슨 레이크 북방의 유콘 테리토리를 달립니다. 간혹 지나가는 자동차를 보기만 하여도 마음이 놓이며 우리가 살고 있는 오리건주 번호판을 볼 때면 자동차를 길거리에 세우고 서로 인사를 나누기도 하였습니다. 초록은 동색이라고, 고향 사람이라도 만난 듯 반가웠습니다.

캐나다 유콘 테리토리의 화이트호스에 들러 시내를 한 바퀴 돌아보았습니다. 테리토리란 기초시설이 열약하여 '주'로 승격하지 못한 지역을 말합니다. 원래 이곳은 아메리칸 인디언과 에스키모인들이 살았습니다. 도시 주변은 독특한 에스키모의 문화적 색채가 엿보였습니다. 유콘 테리토리에 약 3만 인구가 살지만 90%가 화이트호스에 밀집되어 있습니다.

유콘 테리토리에는 현재도 유목을 하며 떠도는 2,000여 명의 원주민이 있습니다.

이곳은 1898년 골드러시 당시 탐험가들이 모여 들면서 형성된 도시입니다. 한때는 금, 은 채굴로 4만여 명이 살았던 도시입니다. 새먼 샌드위치가 유명하다는 '크론다이크 리브앤 새먼' 식당을 찾아갔습니다. 관광객들이 식당 입구부터 10m 밖까지 차례를 기다리고 있었습니다. 시간이 지체되어 우리는 가는 길을 서둘렀습니다. 오후 늦은 시간 헤인스 삼거리 가까운 파인 레이크의 칠쿠트 캠프장에 도착하였습니다. 호수를 끼고 있는 캠프장 건너편 산중턱에 큰 바위가 이채로웠습니다. 알고 보니 이 바위가 마을의 수호신이었습니다. 사람이란 마음이 약할 때 보호받고 싶은 본능이 있습니다. 이 거대한 바위가 헤인스 삼거리 사람들을 수호해 주는 신적인 역할을 하였습니다.

이른 아침 호수 위로 눈부신 햇살이 캠프장을 일깨워 주었습니다. 매일 계속되는 캠핑 여행은 알래스카로 향하는 행복한 도전입니다. 호숫가 분홍색 야생화 꽃자루에 3-4개의 꽃송이가 눈에 띄었습니다. 그 꽃자루에 앉은 호랑나비가 날아 보고 싶지만 마음처럼 되지 않나 봅니다. 갓 허물을 벗고 나와 중심도 제대로 못 잡고 바람에 흔들리고 있었습니다. 바람이 불면 날개를 접고, 바람이 잠잠해지면 날개를 펴곤 하는 모습이 나비가 날아가는 법을 가르쳐 달라고 애원하는 듯하였습니다. 호수 위를 멋지게 날아 보려고 하지만 나비는 그 위치에서 균형 잡기에 여념이 없었습니다. 적막한 호수 주변에는 숲속의 잡새 소리가 떠들짝하게 들렸습니다. 산들바람은 호수물을 흔들고 야생화의 기분 좋은 향기는 우리의 마음까지 흔들었습니다.

오늘 목적지는 알래스카의 발데즈 항구입니다. 캠프장에서 멀지 않은 헤인스 삼거리 주유소에 들렀습니다. 주인이 중국인이었습니다. 포틀랜드 집을 떠나 아시아인을 처음으로 대하니 반가웠습니다. 우리는 30여 분간 이민 이야기를 주고받았습니다. 헤인스에 중국인이 몇 명이나 사느냐고 물었더니 두 가구가 산다고 합니다. 그런데 한 가구는 몇 달 전 화이트호스로 이사를 하였답니다.

중국인 두 가족이 이곳으로 이주하게 된 동기는 캐나다 주정부로부터 10에이커의 땅을 무상으로 받았기 때문이었습니다. 토지개발 차원에서 주정부가 무상으로 분배해 준 것입니다. 한때는 지나치는 관광객이 많아 행복하였답니다. 그러나 지난 몇 년간 불경기가 계속되어 현상 유지도 어렵답니다. 세월은 그들에게 금빛 시간만을 주지는 않았습니다. 고등학교 다니는 딸이 대학을 가게 되면 그들도 이곳을 떠날 생각이랍니다. 우리는 퐁(防) 선생과 아쉬운 작별을 하였습니다.

산을 넘고 평원을 건너 3-4시간을 달렸습니다. 캐나다 국경 비버크릭 마을에는 국경 검문소가 있으나 검문을 하는 사람은 없었습니다. 출입국 관리가 필요하지 않은가 봅니다. 국가와 국가 간의 국경은 보통 강이나 산맥을 경계로 삼습니다. 그러나 캐나다와 미국은 군사적 분쟁이 없어서인지 검문도 없었습니다. 캐나다의 뉴테리토리와 알래스카 국경 사이에는 16km의 보호구역이 있습니다. 국경 보호구역은 완충지역으로 개발을 할 수 없습니다. 알래스카 국경 검문소 주변은 사방이 습지대로, 검문소를 통하지 않고서는 입국이 힘들어 보였습니다.

## 알래스카의 낭만

미국은 1867년 앤드루 존슨 대통령 시절 알래스카를 러시아로부터 720만 달러에 구입하였습니다. 매입 후 알래스카의 최북단 놈(Nome)에서 금을 채굴한 생산량이 720만 달러에 달합니다. 알래스카 석탄 매장량은 세계 1위이며 석유를 비롯해 엄청난 지하자원이 매장되어 있습니다. 미국은 알래스카에서 대박을 터트린 것입니다. 그리고 1803년, 토머스 제퍼슨 대통령 시절, 프랑스로부터 1,500만 달러에 루이지애나 땅을 구입하였습니다. 당시의 루이지애나 땅은 남북한의 10배 정도나 됩니다. 당시 매입한 땅을 오하이오주, 인디애나주, 미시건주, 미네소타주 등으로 편입시켰습니다. 미국은 토지 매입으로 대국의 기초를 다지고 서부개척시대로 이어 갔습니다. 요약하면, 프랑스와 러시아로부터 매입한 부동산으로 대국을 이룬 나라입니다. 당시 국민들은 거세게 비판하였지만 현명한 정치인들은 미래를 보았습니다. 미국에는 국민을 위한 위대한 정치인들이 득실거렸습니다.

알래스카는 3백만 개의 호수와 3천여 개의 강, 원시적인 자연환경, 신비로움에 싸여 있는 광대한 땅입니다. 산, 바다, 강 어디를 보아도 원시

적인 풍경이 펼쳐지는 곳입니다. 미국은 알래스카가 석유, 수산업, 임업으로 각광받자 1959년 49번째 주로 승격시켰습니다. 알래스카주는 크게 네 지역으로 구분합니다. 작은 섬들로 이루어진 남부 지역, 내륙의 중부평원, 북부의 브룩스산맥, 그리고 브룩스산맥의 북쪽 노스 슬로프로 구분합니다.

2016년 알래스카의 북방 노스 슬로프에서 12억 배럴의 유전이 발견되었습니다. 현재 알래스카 일일 석유 생산량은 60만 배럴이나, 2022년부터는 매일 75만 배럴이 생산될 전망입니다. 알래스카주는 미국 본토의 5분의 1, 텍사스주의 2배, 우리나라의 15배 크기입니다. 1968년 북극 프루도만에서 석유가 발견되었고, 1974-1977년 프루도 베이에서 1,300km 남쪽 해안 선적항구인 발데즈 항구까지 알래스카 송유관이 완성되었습니다. 알래스카는 오늘날 미국의 경제, 정치, 군사 요충지로서 중요한 땅입니다. 미국 석유 생산량의 4분의 1을 생산하며 텍사스주에 이어 두 번째로 높은 매장량을 보유하고 있습니다.

미국 국경 검문소 주변의 습지대를 벗어나 128km 떨어진 톡(Tok) 마을에 도착하였습니다. 통나무로 아름답게 지은 톡의 기념품 상점에는 관광객들로 발 디딜 틈이 없었습니다. 이곳에서 북방 326km 거리에 알래스카의 제2도시 페어뱅크스로 연결됩니다. 톡 삼거리에 있는 '패스트-에디' 음식점의 새먼 요리가 유명하다기에 찾았습니다. 음식점은 시장터

같이 관광객으로 가득했습니다. 알래스카 새먼은 자연산으로 육질이 단단하고 고기에 지방이 적어 가장 비싼 새먼입니다. 알싸한 점심 후 시내를 한 바퀴 둘러보았습니다. 마을 전체가 관광객을 상대하는 비즈니스 타운입니다. 주유소에서 가스를 충전하다 이번 여행에서 두 번째로 아시안 가족을 만났습니다.

반가워 말을 걸었더니, 페어뱅크스에 거주하는 한국인입니다. 그들은 발데즈 친척 집으로 연어 낚시를 하러 간답니다. 매년 여름 발데즈로 내려와 겨울 동안 먹을 연어를 잡는다고 합니다. 페어뱅크스에는 한국인 200여 명이 사는데, 그분은 식당을 운영한답니다. 지구촌 끝에 그렇게 많은 한국인이 살고 있다니 대단한 민족임이 분명합니다.



톡에서 글렌 하이웨이로 접어들어 험하고 꾸불꾸불한 산길을 3시간 정도 달렸습니다. 그리고 그레나렌에서 리처드슨 하이웨이로 진입하여 발데즈로 달렸습니다. 도로 주변 풍경은 거대한 빙하계곡을 끼고 오르고 내리며 빙하가 녹아내린 푸른빛 강을 건너고 또 건넜습니다. 도로 주변의 푸른 호수물과 드높은 계곡의 빙하들은 우리의 시선을 붙잡기에 충분했습니다. 리처드슨 하이웨이 마일포스트 28 톰슨패스에서 보는 워싱턴 빙하는 그 형태가 아름다워 차를 멈추었습니다. 높은 산 정상에서 웅장한 빙하가 하얀 숲을 이루고, 내려오다 하반부에서 두 갈래로 뻗어 나가는 줄기가 아름답습니다.

워싱턴 빙하를 지나 반 시간 거리에 있는 브라이들베일(면사포) 폭포와 호스테일(말꼬리) 폭포 앞에서 자동차를 멈추었습니다. 도로 옆 50m 높이의 키스톤 캐니언에서 계곡의 푸른 물줄기가 우리의 마음을 정답게 뒤흔들어 놓았습니다. 수백 년 전 한 마을 사냥꾼이 폭포수를 받아먹고 20년 젊어졌다는 곳입니다.

발데즈 마을이 보이는 산길에서 내리막길로 이어졌습니다. 스키 다이빙 코스 같았습니다. 브레이크를 밟으며 내려가도 위험하였습니다. 발데즈는 1964년 알래스카 남부해안 대지진으로 폐허가 되었다가 1968년 새롭게 단장된 마을입니다. 오후 늦은 시간 조용한 항구마을 발데즈의 토템 호텔에 도착하였습니다.

토템 호텔 음식점은 웃고 떠들며 마시는 분위기였습니다. 우리는 귀빈 같은 서비스를 받으며 저녁을 먹었습니다. 이곳의 대표적인 생선은 연어입니다. 발데즈의 질 좋은 새먼과 알래스카 특유의 할리벗(Halibut) 빵조리는 예술 같은 음식이었습니다. 새먼의 본고장에서 깊은 새먼 맛을 느꼈습니다. 그리고 식당 웨이트리스의 고운 자태와 아름다운 목소리, 그 수줍은 볼이 아직도 우리의 기억에 남아 있습니다.

이번 주 내내 흐리고 가랑비가 내린다는 일기예보입니다. 안개가 끼고 흐린 날이 많아 짜증스럽습니다. 맑고 쾌청한 날씨를 기대했지만 다음 날도, 그다음 날도 발데즈 마을엔 비가 내렸습니다. 세계에서 가장 큰 스탠스티븐스(Stan Stephens) 유람선을 타고 컬럼비아 빙하 구경을 하려고 하였으나, 아쉽게도 시즌이 마감되었습니다. 발데즈의 컬럼비아 빙하 크루즈 시기는 5월 14일–8월 18일, 1인당 $130, 7–9시간 정도 걸리는 투어입니다.

■ 발데즈로 향하는 리처드슨 하이웨이 마일 포스트 28에서 본 워싱턴 빙하

■ 발데즈 진입전 호스테일 (말꼬리) 폭포

플로리다주에 거주하는 60대 중반 부부를 만났습니다. 그들은 온몸에 기쁨이 듬뿍 찬 것 같았습니다. 매년 6월 초에 플로리다를 떠나 서둘지 않고 발데즈까지 오는 데 20여 일이 걸린다고 합니다. 이곳에서 새먼을 잡아 플로리다에서 되팔면 여행경비가 된다고 합니다. 관광 낚시꾼들은 여름철 3개월 동안 발데즈의 이글RV 파크(Eagle's Rest RV park & Cabins)에 머물면서 연어를 잡습니다. 잡은 연어는 포를 떠서 포장하여 냉동기에 보관합니다.

발데즈 앞바다는 겨울에도 얼음이 얼지 않는 부동 항구로, 마치 호수같이 잔잔합니다. 낚시꾼들의 별천지입니다. 관광객의 낚시 허가비는 $25, 최대 12마리까지 잡을 수 있으나 알래스카 거주민은 허가 없이 12마리까지 잡을 수 있습니다. 낚시터 주변에는 포를 뜨고 버린 먹이를 기다리는 갈매기와 귀여운 고양이가 눈을 쫑그리고 기회만 노리고 있습니다. 서로 다투며 놀고 먹는 놈들에게는 아주 매력적인 곳입니다.

연어 낚시를 하려고 가랑비 내리는 부둣가로 나갔습니다. 부두는 낚시꾼들로 벅적거렸으며 낚싯대로 가득 찼습니다. 우리도 낚싯대를 던져 놓고 마음속으로 큰놈이 걸려들길 바랐습니다. 얼마 지나지 않아 신호가 왔습니다. 물에 띄워 둔 낚싯줄이 팽팽하게 당겨졌다가 다시 느슨해지더니 낚시에 큼직한 놈이 걸렸습니다. 커다란 꼬리를 보이고 신음 소리를 내면서 뛰어올랐습니다. 낚싯대가 구부러지면서 휘어졌습니다. 힘에 부쳐 밑으로 끌려 들어갈 정도였습니다.

"여보! 힘껏 잡고 있어요!"

도망치려는 물고기를 열심히 끌어올리는 와이프의 표정은 굳어 있었습니다. 낚싯줄은 핑핑 소리를 내면서 물길을 잘랐습니다.

"여보! 늦추면 낚싯줄이 끊어져! 단단히 쥐고 있어요!"

나도 흥이 나서 말했습니다.

"알아요. 좀 거들어 줘요! 달아나려고 해요!"

커다란 새먼이 수면 위로 떠올라 물거품을 일으키고는 다시 머리를 휙 돌려서 깊은 곳으로 도망쳐 갔습니다.

"당기지 말아요, 단단히 쥐고만 있어요."

웃음을 얼굴에 가득 담고 어깨를 으쓱거리는 와이프의 속눈썹에 빗방울이 매달려 떨리고 있었습니다.

"꽉 쥐고 있어요!" 큰 소리로 응원했습니다.



"도망가려는데요!" 와이프의 손은 떨렸고 굳은 표정이었습니다.

낚시에 걸린 연어가 배를 보이며 뒤집혔습니다. 그물을 이용해 끌어올리려니 연어는 마지막 힘을 다하여 다시 깊은 곳으로 도망쳤습니다. 다시 낚싯줄을 당겨서 녹초가 된 연어를 끌어올렸습니다. 연어는 커다란 입을 뻐끔거리면서 부둣가에 부딪쳤습니다. 그리고 지느러미를 번뜩거리면서 얌전해졌습니다. 우리는 연어 안락사법에 따라 날뛰는 놈을 나무토막으로 내리쳤습니다. 아가미에 피가 보이며 조용해졌습니다. 와이프는 만족스러운 듯이 함박웃음을 머금고 말했습니다.

"오늘 많이 잡겠어요!"

붕어도 못 잡아 보았던 와이프가 생애 처음 잡아 보는 월척 연어다 보

■ 발데즈 항구 낚시터

니 그 기쁨이 오죽하겠습니까! 와이프의 미소를 담은 표정은 부둣가 낚시터 고기를 모두 잡으려는 눈치였습니다. 우리는 발데즈에서 건져 올린 잊지 못할 연어 낚시 추억을 만들었습니다. 우리가 9마리를 잡았을 때 주위 낚시꾼들은 12마리를 잡았습니다. 오후 시간 바닷바람을 마시며 부둣가를 거닐다 보니 고깃배들이 고동 소리를 울리며 돌아오고 있었습니다. 오가는 고깃배들의 고동 소리에는 어부들의 행복한 삶의 숨결이 숨어 있는 듯하였습니다.

발데즈를 뒤로하고 앵커리지의 다이몬드 호텔로 이동합니다. 자동차로 6시간 정도 걸리며 480km 거리입니다. 4번국도 – 리처드슨 하이웨이 – 그렌 하이웨이로 번갈아 달렸습니다. 어디를 달려도 호수와 빙하 풍경입니다. 하이웨이 주변에 무스가 보일 때는 지나치는 관광객들이 자동차를 세우고 사진 담기에 바빴습니다. 발데즈를 출발하여 3시간 정도 달려서 그렌 하이웨이 마일 포스트 102에서 마타누스카 빙하로 이동하였습니다. 강을 끼고 비포장도로를 달리다 빙하 안내소에 차를 세우고 주변을 둘러보았습니다. 끝없이 펼쳐진 폭 6km의 거대한 빙하는 길이가 44km 정도나 됩니다.

마타누스카 빙하에서 그렌 하이웨이로 뒤돌아 나와 3시간 정도 이동하여 앵커리지에 도착하였습니다. 앵커리지에는 알래스카 전체 인구의 40%가 밀집해 있습니다. 앵커리지 근교에는 미국 군사요충지인 엘멘돌프 공군기지와 리처드슨 육군기지가 있습니다. 냉전시대 이곳 공군기지에는 만약의 사태에 대비해 최신 전투기 편대가 24시간 상공에 떠 있었습니다. 당시 흐루쇼프가 케네디를 두려워한 것은 공중 주유를 받으며 24시간 떠 있는 전투기 편대 때문이었습니다.

다이몬드 호텔은 생각보다 깨끗하였습니다. 호텔에서 20여 분 거리의 워런조프 포인트를 둘러보았습니다. 케나이반도의 쿡 해안선이 아름답게 보이는 곳입니다. 캐치먹 베이의 곡선에 해가 지면서 바다 수면이 금빛으로 빛나는 풍경은 그지없이 아름답습니다. 호텔방이 아담해 좋은 꿈도 꾸었습니다. 알래스카 자연과 조화를 이룬 뒤뜰 조경이 이색적이었습니다. 꽃 종류보다는 알래스카의 거친 야생풀과 죽은 나뭇가지로 조성하였습니다.

앵커리지의 여름 날씨는 맑고 밤이 없는 환상의 도시라고 들었으나, 매일 흐리고 가랑비만 내렸습니다. 하루는 맑은 날씨였는데 밤 10시가 넘어도 해는 중천에 떠 있었습니다. 새로운 세상에 온 기분이었습니다. 어디선가 뻐꾸기 소리가 간혹 들렸는데 시간을 알리는 호텔 벽시계였습니다. 뻐꾸기가 12번을 울었는데도 밤하늘은 일몰 시간의 하늘 같습니다.

이른 아침 호텔 식당으로 내려갔더니 매니저가 한국인이었습니다. 그녀는 앵커리지에서 10여 년을 거주하고 있다며 이곳에 한국인이 4,000명 정도 거주한답니다. 살기가 어떠시냐고 물었더니 생각처럼 그렇게 춥지 않다며 행복한 얼굴입니다. 주말에는 식구들과 새먼을 잡으러 간다며 흥이 난 표정이었습니다. 여름철에는 새먼을 잡아 냉동시켰다가 겨울 내내 먹는다고 합니다.

알래스카는 원유 생산 수익금을 주 재정으로 충당하며 주민들에게 세금을 징수하지 않습니다. 원유 생산 수익금으로 만든 기금에서 주민 개개인에게 매년 배당금을 지급합니다. 그들은 이 제도를 '알래스카 영구기금'이라 부릅니다. 현지 거주자들은 매년 주정부로부터 1인당 $400-500 배당을 받습니다. 원유가격에 따라 해마다 영구기금 수령액이 달라집니다. 날씨가 맑아져 앵커리지 국제공항에서 10여 분 거리인 '벨루가 포인트'로 나갔습니다. 쿡인렛 바다 풍경과 앵커리지 시내를 볼 수 있는 곳입니다. 관광가이드를 하는 현지인을 만났습니다. 그의 이야기를 종합해 보니, 앵커리지 사람들의 삶은 복잡하지 않은 것 같았습니다. 두 계절만 존재하는 알래스카의 기후조건에 대해서도 불평하지 않았습니다. 오후 늦은 시간에 케나이반도의 바다 풍경과 앵커리지 전체를 볼 수 있는 앵커리지 오버룩 전망대로 이동하였습니다. 시내에서 25분 거리입니다. 전망대에서 바라본 앵커리지는 국제공항을 중심으로 반경 10km 정도에 도시가 형성되어 있습니다.

# 프린스 윌리엄 빙하 유람선

앵커리지에서 93km, 2시간 거리인 프린스 윌리엄 빙하 투어에 나섰습니다. 지구상에 몇 군데밖에 없는, 길이 55km, 폭 5km, 콜롬비아 빙원의 거대한 빙하절벽 여행입니다. 이른 아침 앵커리지에서 수어드 하이웨이 남방 쿡 해협을 끼고 1시간 정도 달리다 앤더슨 메모리얼 터널 입구에 정차하였습니다. 터널 입구는 최대 240여 대의 자동차가 대기하며 주차할 수 있습니다. 위티어 앤더슨 터널은 아침 5시 30분부터 23시 15분까지 40여 분 간격으로 오픈합니다. 터널 길이는 4.2km, 자동차와 기차가 시간을 정해 두고 공동으로 사용합니다. 터널을 통과하는 시간은 10여 분에 불과하지만, 경우에 따라서는 대기 시간이 1시간이 걸릴 때도 있습니다.

터널에서 사고가 발생할 경우 차를 돌려 나올 수 있는 대피소가 8개나 있습니다. 1964년 알래스카 대지진 때 이곳 일대는 폐허가 되었으나 터널은 지진 피해가 없었습니다. 위티어는 태평양과 연결되어 사방이 산과 빙하로 둘러싸인 곳입니다. 마을에는 유일한 15층 베기츠 타워 아파트가 있습니다. 이 건물에 마을 사람의 90%가 모여 살고 있습니다. 1956년

■ 프린스 윌리엄 유람선

■ 유람선에서 본 유빙 위의 바다물개

당시에는 방위사령부 군인 가족들이 거주하였으나 현재는 마을의 공공기관과 관광객을 상대로 하는 '베드 앤 브렉퍼스트' 숙박과 280여 주민들의 근거지입니다.

오전 10시 프린스 윌리엄 사운드라는 유람선을 타고 6시간 투어에 나섰습니다. 선장이 좌편 언덕을 가리켰습니다. 바닷가의 바위 절벽에 기거하는 수십만 마리의 바닷새들의 소리는 경이로웠습니다. 주변 풍경은 깊숙한 협곡들로 둘러싸였으며 유빙이 떠도는 바다에는 바다물개, 바닷새, 그리고 해달이 배영하는 모습이 귀엽게 보였습니다. 해달은 하루에 자기 체중 20% 정도의 전복이나 물고기를 먹는다고 합니다. 빽빽한 털로 체온을 유지하는 보호종 동물로, 알래스카 주변에 수천 마리가 살고 있습니다.

유람선이 협곡의 빙하에 접근하였습니다. 거대한 60-70m 높이의 낙빙이 바다 위로 떨어질 때는 유람선도 함께 흔들렸습니다. 낙빙의 모습은 장엄하였습니다. 빙하가 떨어진 자리에는 하얀 물거품이 구름처럼 피어나 30-40m 주위를 덮쳤습니다. 빙하가 바다로 떨어지는 소리가 마치 웅장한 천둥소리 같았습니다. 빙하의 계곡에서 불어오는 차가운 바람은 호흡을 멈출 정도였습니다. 물속에 잠긴 빙산과 유빙은 바다의 환경을 변화시킵니다. 빙하의 끝에서 일어나는 현상을 둘러보고 유람선은 새먼 해치장으로 이동하였습니다. 대머리독수리가 서식하는 숲을 지나 바다사자들이 단잠에 든 바위를 지나쳤습니다. 거대한 해양 동물원을 보는 것 같았습니다.

유람선 가이드는 연어 부화장을 가리키며 이곳에서 연어새끼(치어)를 방출하지 않으면 알래스카 연어산업은 없을 것이라 하였습니다. 이곳에서 부화된 연어새끼는 다른 물고기들의 먹잇감도 되고 그중 10% 정도가 생존한다고 합니다. 연어알은 섭씨 12-13도 정도 수온에서 60여 일 후에 부화되며, 4-5개월 자란 후 바다로 내보내는데, 6-7cm 치어를 방류하면 4-5년 사이 60-80cm 크기로 자란다고 합니다.

# 알래스카 최남단 호머스핏

앵커리지 남방으로 355km 최남단 도시인 호머로 이동합니다. 자동차로 4-5시간 정도 거리입니다. 앵커리지에서 출발하여 2시간 정도 글렌하이웨이 남쪽으로 달렸습니다. 연어 잡는 장면을 보고 싶어 쿠퍼랜딩의 케나이반도에서 할리벗코브 샛길로 들어섰습니다. 케나이반도에는 수많은 낚시꾼들이 새먼을 잡느라 분주하였습니다. 가슴까지 올라오는 고무팬츠를 입고 강물 깊숙히 들어간 사람도 있었습니다. 낚시꾼들의 허리춤에는 권총까지 보였습니다. 곰의 습격을 대비한 것입니다.

알래스카에서는 낚시를 '스포츠 피싱'이라 부릅니다. 모든 스포츠에 규칙이 있듯이 낚시에도 법칙이 있습니다. 즉 낚시에 물려서 잡힌 것은 정당하고, 낚시가 고기 몸에 걸려서 잡힌 것은 살려 주어야 한다는 것입니다. 동물보호가들이 새먼 보호법을 제정하여 운 좋은 놈은 살아남습니다. 세상의 법은 알면 알수록 흥미롭고 또 재미있습니다.

낚싯터를 지나 케나이반도 남쪽으로 1시간쯤 달렸습니다. 그리고 솔도트나에서 샛길로 나가 키나이 마을에 들렀습니다. 케나이반도는 킹새먼이 많이 잡히는 곳입니다. 도로변에서 만난 낚싯꾼들은 6m 정도의 킹새먼을 들어 보이며 행복한 모습이었습니다. 어디에서 오셨냐고 물었더니 플로리다에서 단체로 여행 온 낚시광들이었습니다. 그들은 매년 이곳을 찾는데, 금년은 평년에 비해 운이 좋았다고 합니다.

케나이반도의 은빛 바다와 바다 건너편 알류산열도 풍경이 아름답게 보였습니다. 언제일지는 몰라도 저곳에 대륙간 탄도미사일 요격용 방어 시스템이 들어설 것이랍니다. 마을은 해안선을 따라 구불구불 뻗었고, 철조망 울타리에 옷가지들이 바닷바람에 날리고 있었습니다. 삶의 향기가 가득 차 보이는 풍경은 가슴이 찡하도록 아름다웠습니다. 케나이반도의 저녁 노을과 외로운 바닷가 마을 풍경이 향기롭게 다가왔습니다. 진실된 아름다움이 배어 있는 모습, 꾸미지 않은 삶의 향기가 소박하게 느껴졌습니다. 화려하기보다 질박한 자연에서 보는 자연의 힘은 아름답게 느껴졌습니다.

캐시로프 바닷가 마을 도로는 글렌 하이웨이로 연결되었습니다. 이곳은 세계적으로 유명한 광어 서식지입니다. 광어 한 마리를 두 사람이 힘겹게 들어 올릴 정도입니다. 늦은 오후 시간에 인구 3,700여 명이 살고 있는 호머에 도착하였습니다. 앵커리지에 비해 기후가 온화하고 생선 가공과 낙농 제품이 주업인 도시입니다. 번화한 시내를 지나쳐 호머스핏의 캠프장에 여장을 풀었습니다. 랜드엔드 리조트 옆 캠프장입니다. 코앞에 셀도비아 캐치먹 베이의 만년빙하, 모래사장, 쿨포인트 모뉴먼트, 할리밧 더디, 피싱홀, 호머스핏, 잔잔한 파도가 밀려드는 호머스핏의 저녁 노을은 주변과 어우러져 그림보다 아름다웠습니다.

저녁 시간 호머스핏 끝자락에서 유명하다는 '솔티 새먼' 음식점을 찾았습니다. 출입구 문 위의 아치형 창문이 아름다웠으며, 내부는 소박하고 오래된 분위기였습니다. 할리밧과 새먼 스테이크 그리고 포도주를 주문하였습니다. 나지막하게 흘러나오는 경음악 소리에 귀를 기울이며 저녁을 즐기는 것보다 주위 분위기에 취해 버렸습니다.

달빛에 드리워진 모래사장 해변길! 끝없이 거닐고 싶은 은빛 모래사장! 한동안 해변을 걷다 캠프로 돌아왔습니다. 세상에 이만한 곳이 또 어디 있을까요! 호머의 달은 유달리 커 보였고, 달님마저 찾아 준 텐트 속은 꿈결같이 행복하였습니다. 다음 날도 그다음 날도 우리는 호머에서 즐거운 시간을 보냈습니다. 프랫박물관, 복덕방, 음식점, 해변길 거리를 누비고 다녔습니다. 호머스핏의 가게들은 스틱 위에 세워졌습니다. 1964년 지진의 경험으로 쓰나미를 피하기 위한 목적으로 설계된 것입니다. 호머의 갖가지 야생화를 보니, 이곳의 자연이 더욱 아름답게 다가왔습니다. 호머가 한눈에 들어오는 웨스트힐과 스카이라인 드라이브 길을 달렸습니다. 그러다 길가의 화사한 꽃 앞에 차를 멈추었습니다. 호머스핏의 진귀한 풍경과 들꽃의 화사한 모습을 담고 싶었기 때문입니다.

우리는 잔잔한 파도가 밀려드는 호머 마을에 정이 들었습니다. 특별한 일 없이 바다를 바라보며 호머스핏을 걷다 조용히 쉬어도 행복하였습니다. 호머를 떠나기 전날, 호머에서 30분 거리의 이스트엔드 로드로 드라이브를 하였습니다. 차가 들어가는 알래스카 최남단의 마지막 마을입니다. 오두막집에서 닭 몇 마리가 달려 나왔습니다. 가파른 지그재그 산길

■ 바닷길 끝에 자리 잡은 호머스핏

■ 캐치먹 베이의 한가한 갯벌

로 10여 분 내려가니, 짠 바다 냄새가 묻은 바람결이 코끝을 자극하였습니다.

이른 아침 바닷가 물새들의 시끄러운 소리에 잠에서 깼습니다. 구름 한 점 없이 맑게 갠 하늘, 그 하늘빛과 바다가 너무나 고왔습니다. 호머 뒷동산 스카이라인 도로에서 내려다본 호머스핏과 그 뒤로 펼쳐진 빙하 풍경은 마음을 사로잡았습니다. 바다 위로 솟은 호머스핏 7.2km의 모래길은 한마디로 이 세상 풍경 같지 않았습니다. 이토록 숨이 막힐 정도로 아름다운 풍경을 얼마나 더 만날 수 있을지! 시간이 몇 백 년쯤 거꾸로 간 듯한 세상 풍경이었습니다. 호머의 자연 풍경이 가슴에 깊이 스며들었습니다. 빙하계곡과 산으로 둘러싸인 바다 위의 섬 같은 호머스핏, 순박한 호머 사람들, 그곳에 우리의 추억을 모아 두고 떠납니다. 아름다운 자연에 순박한 사람들이 모여 사는 호머는 오래도록 기억될 것입니다.

## 수어드 엑시트 빙하

호머를 뒤로하고 케나이호수를 지나 북동쪽 수어드로 이동합니다. 270km, 4-5시간 거리입니다. 인구 2,600여 명, 알래스카 철도의 발원지이며 알래스카에서 가장 번화한 항구 도시입니다. 케나이반도의 추가츠산맥을 끼고 약 3시간쯤 달려 수어드 하이웨이 무스패스 삼거리에 도착하였습니다. 무스패스에서 수어드까지 59km 구간은 설산과 호수를 줄곧 끼고 달립니다. 키나이호수를 지나칠 때는 때때로 무스나 작은 동물들이 창문 밖 풍경이 되어 주었습니다. 수어드 하이웨이는 고개를 돌리는 곳마다 원시적인 풍광이 연속되었지만 지루하기보다는 이색적이고 경이로웠습니다.

추카츠 자연보호 구역의 원시림을 지나 수어드의 케나이 피오르드 국립공원 입구, 수어드 윈드송 롯지에 자동차를 세웠습니다. 엑시트 글레시어 도로 입구에 있는 아담한 통나무 롯지입니다. 관광철인 8월 수어드 롯지 예약은 힘들었지만 당도해 보니 마음에 꼭 들었습니다. 1997년생 통나무로 지은 깨끗한 롯지입니다. 롯지 내의 로드하우스 음식점은 최고급의 새먼고기 메뉴와 실내에 치장된 알래스카 자연의 그림들이 시선을

■ 신비롭고 장엄한 대자연의 오묘함을 품은 엑시트 빙하

끌었습니다. 미세한 붓질과 색채 속에서 알래스카의 풍경 향기가 그림 속에서 풍겨 나오는 것 같았습니다. 알싸한 포도주와 은은한 그림에 도취되어 시간 가는 줄 몰랐습니다.

수어드 역시 1964년 지진으로 새롭게 단장된 항구입니다. 관광객들이 즐겨 다니는 마라톤 트레일로 들어서니 보슬비가 내렸습니다. 가던 길을 돌아나와 1968년 해양 생태계 연구를 위한 수족 박물관을 구경하였습니다. 어류관에는 알래스카 연안에서 서식하는 많은 종류의 연어가 있었습

■ 원시적인 풍광을 뽐내는 케나이호수

니다. 관리인의 말에 의하면, 색깔, 눈 모양과 크기, 꼬리 두께, 무게로 연어를 분별한다고 합니다. 수족관의 지하 1층에는 쉴 새 없이 헤엄치고 다니는 바다오리가 관광객들에게 최고 인기였습니다. 이곳에서 유명한 아폴로 음식점에 들렀습니다. 종업원의 밝은 미소를 머금은 음식점에는 해산물이 가득하였으나 음식값은 뜨거웠습니다.

이른 아침 롯지에서 가까운 엑시트 빙하 투어에 참가하였습니다. 롯지 앞 허먼 레이러 로드를 따라 14km 거리에 있는 빙하입니다. 관광객을 위해 빙하 입구에 안전하게 설치된 로프길로 들어섰습니다. 날카롭고 미끄러지기 쉬운 빙판길을 걷기 위해 스파이크를 신발에 부착하고 가이드가 앞서가며 길을 만들어 주었습니다. 우리는 로프를 잡고 한 걸음 한 걸음 나갈 때마다 발바닥에 힘을 주며 스파이크를 얼음에 고정시키면서 걸었습니다. 빙하절벽에서 로프를 잡고 빙벽을 타는 관광객도 있었습니다. 위험해 보였지만 가이드는 누구나 할 수 있다고 쉽게 말합니다. 빙벽을 오를 때는 팔자걸음으로 스파이크를 밟아 주면 되고, 내려올 때는 일자 걸음으로 내려오면 안전하다고 합니다. 발아래로 내려다보이는 빙하 계곡의 깊이는 알 수는 없으나 느낌으로는 최소한 40-50m는 될 것 같았습니다.

빙하 밑으로 들릴 듯 말 듯 숨죽여 흐르는 물소리는 차갑게 들렸습니다. 햇살을 머금은 얼음 속의 색상은 청명한 하늘보다 더 푸르고 아름다웠습니다. 신비롭고 장엄한 대자연의 오묘함을 느끼게 하였습니다. 가이드의 말에 의하면, 지구온난화의 영향으로 엑시트 빙하는 매년 10cm 정도가 녹는다고 합니다. 지구의 온도가 차츰 올라간다는 의미였습니다. 인간의 활동이 자연환경 변화에 막대한 영향을 미칩니다. 기후의 변화로 자연환경과 토지사용의 형태, 생물종의 손실과 같은 변화가 온답니다.

# 알래스카의 원시적인 풍경

매일 원시의 풍경 속으로 달리다 보니 몸과 마음이 더욱 젊어지는 기분입니다. 오늘은 수어드를 출발하여 디날리 국립공원으로 이동합니다. 수어드에서 580km, 7-8시간 정도 걸립니다. 디날리 국립공원은 야생동물을 보호하기 위해 1917년 지정된 공원입니다. 한국의 4분의 1 면적에 북아메리카에서 제일 높은 해발 6,194m의 매킨리산이 동서로 가로지르고 있는 곳입니다.



앵커리지 외곽 파크 하이웨이로 북상하여 와실라로 들어서는 길거리와 호숫가에는 몸집이 송아지만 한 알래스카 명물 무스가 길 한복판을 유유히 지나가고 있었습니다. 두리뭉실한 주둥이와 넓적한 발굽, 적갈색 털을 가졌습니다. 무스는 생후 6개월 정도면 체중이 130kg까지 늘어나고, 1년 정도면 자립하는 동물입니다. 7-8년생 무스의 몸무게는 대략 600kg, 키는 3m까지 자라고 15-16년을 사는 동물입니다.

알래스카 현지인은 허가 없이 일 년에 무스 한 마리는 잡을 수 있으나 동물보호 차원에서 뿔이 난 수놈만 잡기 때문에 길거리에서 볼 수 있는 무스는 거의가 암놈입니다. 현지인들은 암놈을 '카우 무스', 새끼는 '컬프'라 부릅니다. 무스는 주로 소나무 솔잎과 자작나무 줄기, 야생약초, 블랙베리나 블루베리를 즐겨 먹습니다. 현재의 지구촌은 수컷들의 수난 시대입니다. 인간도, 동물도 암컷으로 태어나야 장수할 수 있습니다.

앵커리지에서 1시간 거리인 타키트나에 들어섰습니다. 20여 채의 집이 띄엄띄엄 보이는 작은 마을입니다. 대부분 서부개척시대의 집 같습니다. 마을에는 호수 3개와 여관 겸 식당을 운영하는 타키트나 로드 하우스가 유일합니다. 타키트나를 떠나 캔트웰까지 디날리 하이웨이 217km 구간은 알래스카의 자연 풍광을 대표하는 곳으로, 알래스카에서 가장 아름다운 드라이브 코스입니다. 도로 좌편으로 알래스카산맥의 매킨리 설봉, 우편으로 광대한 툰드라평원이 펼쳐지는 풍경은 그지없이 아름답습니다. 길거리에 차를 멈추고 주변의 아름다운 풍경을 담았습니다.



푸른 늪지와 끝없이 계속되는 들판, 창문으로 파고드는 여름 바람, 끝도 보이지 않는 대지, 알래스카의 자연 풍광입니다. 알래스카는 어디를 가도 광활한 평야에 도로만 외롭게 포장되어 있습니다. 간혹 거칠고 난폭한 곰과 눈이 마주치기도 합니다. 알래스카에서 가장 아름답다는 드라이브 길을 한동안 달리다 보니, 경찰이 빨간불을 깜빡이며 접근하고 있었습니다.

"여보, 경찰이네!"

와이프의 걱정스런 말투입니다.

자동차를 도로 옆에 세웠습니다. 경찰이 다가와 운전면허증을 제시하였습니다. 졸음 운전을 하였다며 컴퓨터로 신원을 조사하였습니다. 교

■ 디날리 하이웨이 주변 자연 풍광

■ 하이웨이에 나타난 무스

■ 디날리 국립공원 도로망

통위반 한 번 해 본 적이 없는 기록을 보았는지 여행길을 안전하게 운전하라는 “경고”를 받았습니다. 경찰관이 정지를 지시하는 때는 교통 위반이나 범죄행위의 혐의가 있는 경우입니다. 체포할 목적이 없더라도 짧은 시간 동안 정지시켜 질문할 권리를 가집니다. 이러한 일시 정지를 ‘테리스톱(Terry stop)’이라 하며 자기들의 안전을 위해 운전자의 몸을 가볍게 만지며 무기 소지 여부를 조사하기도 합니다.

디날리 국립공원 남방 48km 지점의 캔트웰 백우드 롯지에 숙소를 정했습니다. 각 방에는 마이크로웨이브와 소형 냉장고도 딸려 있습니다. 저녁 식사 후 밖으로 나갔는데 취객 한 분이 말을 걸었습니다. 중국인이냐며 다짜고짜 인종차별적인 욕설을 하였습니다. 중국에 대한 좋지 않은 감정이 노출된 것 같습니다. 상대할 사람이 아니라 생각하여 자리를 옮겼습니다. 불안정한 사람은 불안정한 행동을 하면서도 인식을 못합니다. 성장 과정에서 만든 성격이 우리의 행복과 불행을 좌우하는것 같습니다. 소는 물을 먹고 우유를 생산하지만 뱀은 같은 물을 먹고도 독을 만듭니다. 우리의 삶은 어떻게 사느냐에 따라 인생의 빛깔도 달라진다고 생각합니다.

상쾌한 아침 여행객들과 아침 인사를 나누고 디날리 공원으로 떠납니다. 모텔에서 자동차로 30-40분 거리입니다. 그런데 1시간 정도를 달려도 공원 입구가 보이지 않았습니다. 주유소에 들러 물었더니 지나쳤다고 합니다. 공원 입구를 찾고 보니 주의 깊게 보지 않고서는 지나칠 정도로 사인이 작았습니다. 인포메이션 센터에 들러 찾아오기 힘들었다고 하였

■ 혹독한 추위를 견디며 짙은 자연의 냄새를 풍기는 알래스카의 여름

■ 얼어붙은 동토가 백야에는 꽃망울도 피워 올리는 알래스카

더니 경관을 보호하기 위해 사인을 작게 만들었다고 합니다. 2016년 미국 국립공원 100주년을 기념하여 공원 입구도 확장하였으며 매킨리산의 이름도 '디날리산'으로 정정되었습니다.

디날리 국립공원은 공원 자체에서 운영하는 투어 버스로만 이동이 가능합니다. 그러나 공원 입구에서 23km까지는 자유 드라이브 구간입니다. 우리는 자유 드라이브 구간을 달리다 정차한 차량대열에 끼였습니다. 10여 분이 지나도 차들이 움직이지 않아 사고가 난 줄 알았습니다. 알고 보니 찻길을 새들이 점거하여 즐거운 시간을 보내고 있었습니다. '타미간'이라는 알래스카주의 주조였습니다. 봄, 여름, 가을은 갈색이지만 겨울에는 하얀색으로 변하는 새입니다. 돌아 나갈 수도, 뚫고 갈 수도 없는 상황이었습니다. 공원 내에서는 동물에게 폐를 끼쳐서는 안 된다는 규칙에 따라 관광객들은 새가 지나갈 때까지 20여 분을 조용히 기다려야만 하였습니다.

공원 내에는 6개의 캠프 그라운드가 있는데, 공원 입구에서 가장 가까운 라일리 캠프장에 텐트를 쳤습니다. 이곳은 곰이 출현하는 곳이라 치약, 선크림, 쿨러, 음식물은 반드시 자동차 안이나 캠프장에 설치된 철제박스에 보관해야 합니다. 저녁 식사 후 개울물 소리가 들리는 캠프장에서 하루의 추억을 모닥불 위로 피워 올리다 잠이 들었습니다.

새벽 시간, 이상한 소리에 귀를 귀울였습니다. 적막한 캠프장에 뭔가 떨어지는 소리가 난 것입니다. 심장이 고동쳐 와이프를 깨웠습니다. 밖에 무언가가 나타난 것 같다고 귀띔을 해 주었습니다. 텐트 안은 잠시 공포와 적막이 흘렀습니다. 만약의 경우를 대비하여 머리 위에 놓아 두었던 곰 스프레이와 손전등을 잡았습니다. 텐트를 열고 밖을 살피려 하니 와이프가 몸짓으로 말렸습니다. 손전등을 와이프에게 건네주다 떨어뜨렸습니다. 그 소리가 무척이나 크게 들렸습니다. 순간적으로 텐트를 스치고 지나가는 소리에 비명을 지르고 말았습니다. 한동안 숨을 죽이고 밤을 지새웠습니다. 이른 아침 텐트 주변을 살폈더니, 곰 발자국이 선명히 나 있었습니다.

공원에서 운영하는 투어 버스를 이용하여 5시간 거리인 원더레이크 캠프장으로 이동합니다. 도로 중간중간에서 보게 되는 곰, 카리부, 무스, 여우, 산양을 마주하며 공원 입구에서 1시간 거리인 테크라이나 첫 번째 휴게소에 정차하였습니다. 이곳 화장실은 야생동물 침입을 막기 위해 특별 잠금 장치를 해 두었습니다.



두 번째 휴게소인 폴리크롬 오버룩 포인트를 지나 내리막길로 접어들었습니다. 공원 입구에서 2시간 거리이며 북미에서 가장 높은 매킨리 설산을 조망할 수 있는 곳입니다. 세 번째 휴게소인 토클랫 리버 휴게소에 당도하였습니다. 테크라이나 휴게소에서 1시간 거리입니다. 기념품 상점은 주로 동물들의 모피와 공원 역사책을 구입할 수 있는 곳입니다. 주변은 황량한 강변이 벌판으로 연결되었습니다. 휴게소 건물 앞에는 무스 뿔이 전시되어 있습니다. 무스 뿔 한 개의 길이는 180cm 정도, 무게는 무려 15kg 정도입니다.

4번째 휴게소인 아일슨 전망대는 3번째 휴게소인 토클랫 휴게소에서 1

시간 정도 거리입니다. 공원 입구에서 105km, 3시간 거리로 식수를 무료로 보충할 수 있으며 매킨리 설산을 가장 가깝게 볼 수 있는 전망대입니다. 이곳은 매년 6월 1일부터 9월 노동절 다음 날까지 오픈합니다. 전망대 주변으로 3개의 트레일이 있으나, 그중 대표적인 트레일인 툰드라 룹 트레일을 걸어 보았습니다. 토클랫 강변으로 이어지는 트레일은 약 2km 정도이며 주변에는 카리부가 서식하고 있습니다.

아일슨 전망대를 떠난 버스는 1시간 정도 걸려 원더레이크 캠프장에 도착하였습니다. 공원 버스로 5시간 거리입니다. 페어뱅크스 대학에서 환경공학을 전공한 가이드는 디날리 공원에서 40여 년을 근무하다 은퇴하였답니다. 페어뱅크스에 거주하며 여름철 4개월은 이곳에서 와이프와 자원봉사를 하고 있답니다. 우리는 자연의 소중함을 잊고 살지만 자연에 식물이 없다면 지구는 쓸모가 없을 것입니다. 자연은 우리가 숨을 쉴 수 있도록 산소를 만들어 주는 근원입니다. 이런 환경을 후대에 물려주는 것이 그분의 소망이라고 하였습니다. 이곳은 100년 전이나 지금이나 별반 달라진 게 없답니다. 세상은 변해도 이곳 자연은 변치 않는 모습으로 우리를 기다릴 것입니다.

원더레이크 캠프장은 길 위에서 아름다운 청춘을 보내는 사람들이 찾는 곳입니다. 아침빛과 저녁빛에 물드는 풍경을 즐기는 곳입니다. 행운을 선택받은 사람들이 즐기는 캠프장입니다. 버스기사의 말에 의하면, 이곳은 일년에 35일 정도만 활짝 핀 해를 볼 수 있답니다. 그래서 덕을 쌓은 사람만이 눈산을 볼 수 있답니다. 알래스카산맥 북편 설봉에 고요

■ 원시의 비경이 숨겨진 디날리 국립공원의 아일슨 전망대

■ 아일슨 전망대에서 바라본 북아메리카에서 제일 높은 매킨리 6,194m

한 햇살이 내려 비추는 광경은 황홀하였습니다. 캠프장의 밤은 깊게 내려앉았고 고요함에 젖어들었습니다. 밤하늘에 빛나는 무수한 별들을 보고 있자니 내 마음에서 밀려오는 가슴 벅찬 희열의 소리도 들렸습니다. 텐트 안에는 자연의 소리만 들렸습니다. 카리부와 무스, 여우, 늑대, 동물들이 우는 소리로 시작해서 텐트를 깨우는 세찬 바람소리, 겨울이 오는 소리, 자연의 경이로운 소리만이 들렸습니다. 거대한 자연 속에서 향기로운 밤을 보내는 캠프장입니다.

동이 트는 시간, 토클랫강 건너로 보이는 알래스카산맥의 비밀스런 풍광은 장관입니다. 음식 보관소에서 만나는 캠퍼들은 서로가 서로를 배려하는 행동이 마음에 들었습니다. 편한 캠프장 분위기, 캠퍼들의 주름살 없는 해맑은 웃음, 친절한 대화까지 캠프장의 분위기는 마치 고향 사람들을 만난 것같이 정겨웠습니다. 뉴질랜드에서 온 젊은 커플은 일주일을 이곳에서 보내며 툰드라 하이킹을 하였답니다. 캠프장 주변은 웅덩이가 많고 습하여 모기가 유별나게 많고 큽니다. 캠퍼들은 하나같이 이곳 모기를 '알래스카 새'라 불렀습니다. 자연과 함께할 수 있었던 캠프장을 말하라고 하면 우리는 원더레이크 캠프장을 추천하겠습니다. 물론 불편한 점도 있지만, 우리에게는 좋은 점이 더 많았습니다.

전망 좋은 호수와 설산, 아름다운 야생화, 이른 아침 눈부신 햇살, 때 묻지 않은 자연의 풍경은 잊을 수가 없습니다. 텐트 위로 떨어지는 빗소리를 듣노라면 세상 시름도 씻겨 내려가는 느낌을 받습니다. 비 내린 밤을 보낸 날 아침에는 주변의 운치가 더 생생하게 살아난 듯하였습니다.

■ 매킨리 북면이 코앞에 보이는 원더레이크 캠프장

■ 캠프장 주변에서 자신들의 영역을 맴도는 카리부와 무스

■ 원더레이크 캠프장에서 본 매킨리 전경

■ 캠프장 남면, 토클랫강 건너로 펼쳐지는 알래스카산맥

당시의 즐거웠던 캠프를 연상하노라면 지금도 행복한 미소가 가슴을 뛰게 합니다. 디날리 국립공원은 자연을 가까이 접하고 싶은 사람들의 마음을 달래 주는 곳입니다. 마음의 휴식과 평화를 얻을 수 있는 곳입니다. 원더레이크 캠프장은 매년 12월 1일에 다음 해 캠프 예약을 받습니다.

하루는 공원 끝 지점에 위치한 채광지구인 칸티슈나를 관광하였습니다. 칸티슈나는 디날리 국립공원이 지정되기 이전에 금광촌이 있었던 곳으로 사유지입니다. 1896년 금광 채굴자 윌리암 디키가 사금을 발견한 뒤 1905년부터 1978년까지 금을 채굴하였던 곳입니다. 디날리 국립공원이 오픈되자 칸티슈나는 관광지로 변모하였습니다. 현재 3곳의 롯지와 사설 경비행장이 운영되고 있습니다. 주로 등산과 낚시를 즐기는 관광 패키지가 있으나 경비가 만만치 않습니다.



금광에서 평생을 보낸 개척자 패니 퀴리와 조 퀴리가 살았던 집은 공원에서 매입하여 박물관으로 사용 중입니다. 당시는 금을 채취하는 과정보다 금을 페어뱅크스로 운반하는 과정이 더 힘들었다고 합니다. 1905-1978년 금광이 폐쇄할 때까지 채금액을 2001년 기준으로 환산하면 약 4,600만 달러나 된다고 합니다.

## 북극의 입구도시 페어뱅크스

디날리 국립공원을 떠나 페어뱅크스로 이동합니다. 193km, 자동차로 3시간 정도의 거리입니다. 네나나 마을과 이스터 마을을 거쳐 페어뱅크스로 가는 길은 중간중간 도로보수 공사로 많은 시간이 지체되었습니다. 이곳은 툰드라 지역으로 일 년 내내 지표면의 60cm 이하는 얼음으로 채워져 나무가 자랄 수 없고 습지생 초원으로 덮였습니다. 디날리 공원 북쪽은 브룩스산맥의 툰드라 대평원이 끝없이 펼쳐지는 곳입니다. 타나나강의 넓은 습지대와 광활한 대지, 백야의 태양을 바라보며 신비스런 페어뱅크스로 이동합니다.

페어뱅크스는 1920년대 금광이 발견되면서 도시가 형성되었습니다. 1968년에는 프루도 베이에서 오일이 발견되었습니다. 그리고 1974-1977년 돌턴 하이웨이와 파이프라인을 건설하면서 페어뱅크스는 급격히 성장하였습니다. 당시 인구는 10만 명에 이르렀으나 파이프라인 공사가 끝나면서 여행과 교육의 도시로 변모하였습니다. 오늘날의 페어뱅크스는 주변의 아름다운 자연환경과 원주민 문화를 둘러보는 관광도시로 발전하고 있습니다.

■ 끝없이 광활하고 독특한 알래스카의 툰드라 풍경

■ 페어뱅크스 고갯길 전망대에서 만나는 광활한 툰드라 전경

알래스카의 제2도시 페어뱅크스는 앵커리지 못지않게 사람들의 발걸음이 활기찼습니다. 여름철 백야에는 오전 3시에 해가 뜨고 22시간 후 오전 1시경에 해가 지는 곳입니다. 밤 10시경 숙소를 정하려고 시내 중심가의 파이어니어 공원을 지나는데, 음료수를 마시며 카드놀이를 즐기는 사람들을 만났습니다. 그중 한 사람이 우리를 보고 일본말로 인사를 건넸습니다. 우리가 손을 흔들며 대답하였더니 그들도 손을 흔들어 친근감을 표시하며 말을 걸었습니다. 그는 샌프란시스코에서 왔다며 시차적응이 안 되어 잠이 안 온다고 하였습니다. 그리고 아직도 해가 안 넘어갔는데 잠이 오겠냐고 환하게 웃었습니다. 숙소를 정하고 밤이 깊었는데도 가슴 설레는 페어뱅크스의 이국적인 향기에 한동안 잠이 오지 않았습니다.

호텔 매니저가 돌턴 하이웨이는 북극해로 이어 주는 유일한 도로며 누구나 갈 수 있는 길이 아니라고 합니다. 안전운행을 위해서는 정규 예비 타이어 2개, 연료탱크 보호막, 5갤런용 예비 개스통, 비상식량, SUV 자동차가 무난하답니다. 이른 아침 페어뱅크스 북방 2번 고속도로로 1시간 30분을 달려 '리벤굿'이라는 마을에 도착하였습니다. 포장도로가 끝나고 비포장도로인 제임스 돌턴 하이웨이로 연결되었습니다. 페어뱅크스에서 134km 지점입니다. 돌턴 하이웨이는 1974년 개통되었으나 1995년에야 일반인에게 공개된 도로입니다.

돌턴 하이웨이의 출발점인 리벤굿 마을을 벗어나자 포장도로가 끝나고 불규칙한 비포장도로로 들어섰습니다. 프루도 베이의 원유 생산 장비에 필요한 가스를 공급하는 대형트럭에서 돌이 튀어 창문을 때렸습니다. 대형트럭이 지나칠 때는 길가로 떨어져 서행하는 것이 안전합니다. 알래스카 파이프라인 6번 펌프 스테이션을 지나 '유콘리버' 캠프장에서 잠시 쉬었습니다. 편의점과 캠프장을 겸하고 있는 곳입니다. 리벤굿에서 86km 거리며 페어뱅크스에서 220km 지점입니다. 편의점을 떠나 4-5km 전방 유콘강 철교 입구에서 보안검사를 하였습니다. 2001년 9월 11일 뉴욕 테러 후 경계가 삼엄합니다. 유콘강을 가로지르는 유콘철교는 길이 700m, 폭 9m 정도이며 철교 바닥은 시멘트가 아니고 두꺼운 원목판자입니다. 그리고 철교 외벽에 송유관도 연결되어 보안이 필요한 곳입니다. 이곳에서 북극선은 96km 거리입니다.

페어뱅크스를 출발하여 319km 거리를 5시간 정도 걸려 악틱서클 모뉴먼트 휴게소에 도착하였습니다. 많은 관광객들이 기념사진을 담느라 분주하였습니다. 휴게소 주변 캠프장에서 지구촌 캠퍼들을 만났습니다. 밤에 춥지 않았냐고 말을 걸었더니 어깨를 으쓱거리며 별로 춥지 않았다는 제스처를 하였습니다. 옆에서 말을 거들던 프랑스 캠퍼는 모기에 물린 팔목을 가리키며 알래스카 새를 조심하라고 하였습니다. 그들은 하루 전 프루도 베이를 떠나 이곳에서 캠프를 하였답니다.

북위 66도 33분, 여기서부터 북쪽은 '북극'이라 부릅니다. 북극 모뉴먼트 주변에는 관광객들이 쉴 수 있는 쉼터가 있으며 그 뒤편으로는 광활한 대지가 펼쳐졌습니다. 혹독한 환경에서도 모진 나무들이 자라고 있었습니다. 독일에서 왔다는 어느 노부부는 자기들이 마치 시간의 수레바퀴 밖으로 뛰쳐나온 우주인 같다고 하였습니다. 지구가 아닌 외계의 어느

■ 돌턴 하이웨이 출발점 리벤굿

■ 악틱서클 모뉴먼트, 북위 66도 38' 44"

별에 온 것 같다는 뜻이었습니다. 휴게소 한쪽에서 할렐루야 합창이 은은하게 들리는 곳으로 걸어가 보았습니다. 스페인의 종교단체 그룹 관광객이었습니다. 이곳의 겨울 기온은 영하 35도까지 내려가고, 여름에는 기온이 영상 20도까지 올라가는 곳입니다.

# 헤인스 노인의 신박한 꿈

페어뱅크스에서 알래스카 동부 관문도시 톡을 거쳐 미국 국경 검문소와 캐나다 국경 검문소를 지나갑니다. 미국 국경은 자동차 번호판만 확인하고 캐나다 국경 검문소에는 검문을 하는 사람도 없습니다. 미국령 헤인스 포구로 이동합니다. 톡에서 720km 거리인 헤인스 항구는 인구 1,500여 명이 사는 어촌입니다. 캐나다의 유콘 테리토리 헤인스 삼거리에서 헤인스 항구까지는 246km입니다. 헤인스 삼거리를 출발하여 클루에인 국립공원의 캐슬린 레이크에서 잠시 휴식을 하였습니다. 헤인스 삼거리에서 25분 거리입니다. 진한 하늘색 호수물과 주변의 오묘한 숲의 자연경관이 아름다웠습니다. 하루쯤 쉬어 가고 싶은 캠프장이었으나 흑곰이 자주 출몰하는 지역입니다.

헤인스 하이웨이는 유콘주 – 브리티시컬럼비아주 – 알래스카주 해안으로 이어지며 급커브도 많고 험한 산길입니다. 콜롬비아주 4번 국도에서 만나는 칠캣패스 1,065m와 가드맨 패스 980m를 지나면 미국 국경 검문소입니다. 헤인스 삼거리에서 174km 거리이며 헤인스 항구로부터 72km 지점입니다. 도로변의 미국 검문소는 지나치는 자동차 번호만 기재하였습니다. 캐나다 서부 항구는 대부분 미국령이라 국경을 들락거려야 합니다.

헤인스 항구는 높고 낮은 산들이 병풍처럼 둘러 있어 마치 꿈꾸는 마을 같습니다. 시내를 한 바퀴 돌아보고 페리 터미널을 지나 칠쿠트 레이크 캠프장으로 이동하는 강변에는 플라이 낚시꾼들로 번거로웠습니다. 애리조나주에서 왔다는 한 낚시꾼은 이곳에 캐빈을 장만하고 매년 온다고 합니다. 그는 잡아 놓은 새먼 10여 마리를 보여 주며 기쁨에 찬 미소를 지어 보였습니다.

예약한 헤인스 칠쿠트 캠프장엔 모기가 너무나 많았습니다. 캠프 일정을 화이트호스로 변경하였습니다. 뒤돌아 나오는 강변길에 아담한 세일 하우스에 눈이 끌려 잠시 들어갔습니다. 부동산 가격을 알아보니 우리가 살고 있는 포틀랜드와 큰 차이가 없었습니다. 그들은 뉴욕에 살다 꿈꾸는 이 마을로 18년 전에 이주했답니다. 그리고 이곳에서 행복한 꿈을 이루었답니다. 허나 이제는 집을 정리하고 뉴욕으로 돌아가 손자들과 남은 삶을 보내고 싶어 했습니다. 헤인스 노인의 소박한 꿈이었습니다.

우리가 헤인스에 관심을 보이자 그는 이곳에 대해 자세히 알려 주었습니다. 1989년 엑손 발데즈 유조선이 '블라이 암초(Bligh Reef)'에 충돌한 사건이 있었답니다. 유조선 사고는 당시 엄청난 환경 재난이었고, 이 마을의 경기도 침체되었답니다. 매년 어획량은 감소하였고 마을 사람들이 타지로 떠났답니다. 당시 3,000여 마리의 해달, 30여 마리의 범고래, 3,200여 마리의 물개, 300,000마리의 바다새가 죽었답니다. 정부에서 어민들에게 보상금이 있었으나 주민들의 삶은 어려워졌답니다. 조용한 바닷가 마을 아름다운 풍경 뒤로는 고달픔이 숨어 있었습니다.

노부부는 계절에 따라 다른 종류의 고기를 잡으며 소박한 꿈을 꾸었답니다. 그리고 세찬 바람을 이겨 내며 행복하게 살았답니다. 그런데 이제는 그 꿈을 접었다고 합니다. 노부부의 이야기를 듣다 아쉬움을 보이며 떠나려 하자 곰 발톱 하나를 선물로 주었습니다. 집 근처에 살던 곰이 어느 날 자기집 개를 물어 죽였다고 합니다. 그들은 한동안 식구를 잃은 고통을 견디며 지내다 2년 전 그놈을 해치웠답니다.

헤인스 항구 앞, 칠캇 강변에는 같은 모양의 집들이 인상적이었습니다. 이곳 사람들은 집을 잘못 찾을 것 같다는 생각이 들었습니다. 집의 크기도 색깔도 모양도 엇비슷하였기 때문입니다. 마을 옆 비치로드의 '칠캇 아트센터'에는 원주민들이 남긴 인디언 아트와 물건들이 보관되어 있었습니다. 안내자의 말에 의하면, 알래스카의 대표적인 에스키모, 인디언, 알류트 부족의 대표적인 유물이랍니다. 시내 메인스트리트와 보트하버 부근을 거닐다 스캐그웨이로 가는 페리 시간을 알아보니 삼일제로 운행하였습니다. 오늘 오전에 떠났으니 2일 동안은 운행이 없답니다. 페리로 30-40분이면 갈 거리를 자동차로 359km 돌아가는 방법밖에 없었습니다.

헤인스 하이웨이는 지나치는 자동차도 없어 적막하였습니다. 헤인스에서 화이트호스까지는 246km, 4시간 거리입니다. 칠캇 패스를 지날 때 흑곰 2마리가 길가에서 우리와 눈길을 맞추어 주었습니다.

■ 조용한 헤인스 항구 전경

화이트호스에서 유명하다는 클론다이크 음식점에 들렀습니다. 캠프장에서 7분 거리입니다. 잘 구워 낸 빵과 무스고기 햄버거를 먹었는데 맛이 소고기와 비슷하였습니다. 옆 좌석의 동양인에 말을 걸었더니 일본 관광객이었습니다. 그들은 클루에인 국립공원의 빙원 에어투어를 하였다며 강권하였습니다. 에어투어는 헤인스 삼거리의 융티온 공항에서 경비행기로 약 1시간을 둘러보는 코스랍니다. 화이트호스 강변 캠프장 건너편 유콘강에는 증기선 한 척이 외롭게 정박되어 있었습니다. 1921-1936년

■ 헤인스 마을 주변 전경

전성기 때는 화이트호스와 도슨 크릭을 운행하던 선박이었으나, 지금은 박물관으로 개조되었습니다. 증기선 박물관에는 당시의 역사가 고스란히 담겨 있었습니다.

매일 캠프장의 아침은 활기찹니다. 캠퍼마다 새로운 목적지를 행해 달리는 모습들이 행복해 보였습니다. 오늘은 스캐그웨이를 둘러보고 왓슨 레이크 캠프장까지 달릴 것입니다. 화이트호스에서 스캐그웨이는 159km 정도로 3시간 거리이며 스캐그웨이에서 왓슨 레이크까지는

312km, 6시간 거리입니다. 이른 아침 화이트호스 캠프장에서 자동차로 20여 분 거리인 마운틴 뷰 전망대로 달렸습니다. 화이트호스 시내가 활짝 들어오는 곳입니다. 시내 풍경은 유콘강을 끼고 거친 자연에 묻힌 도시로 보였습니다. 되돌아 나오는 길에 화이트호스 시청 앞을 지나쳤습니다. 그런데 한국전쟁 기념비가 시청건물 입구에 있었습니다. 1, 2차 세계대전과 한국전을 기리는 대리석 기념비였습니다. 어린 시절 피난을 다니며 고생했던 당시를 연상하니 다시 한번 서글퍼졌습니다. 이렇게 멀고 먼 곳에서 한국전에 참가했다 별나라로 떠난 분들의 기념비를 대하니 가슴이 뜨거웠습니다.

오늘도 수많은 사람들이 달렸던 이름 모를 산천을 지나 화이트호스에서 스캐그웨이 항구로 이동합니다. 왓슨강과 기찻길을 끼고 사우스 클론다이크 하이웨이로 달리다 카크로스에 도착하였습니다. 화이트호스에서 53km 거리입니다. 카크로스 삼거리의 기차역 기념품 가게에 잠시 들렀다가 텍사스주의 댈러스에서 왔다는 한 부부를 만났습니다. 그들은 좋은 날씨를 만나 여행이 더욱 빛났다며 우리와 스캐그웨이로 동행하게 되었습니다.

우리는 전망이 좋은 화이트패스에서 자동차를 세웠습니다. 해발 1,003m, 화이트호스에서 136km 지점이며 스캐그웨이가 23km 지점인 캐나다와 미국 국경입니다. 우리는 그곳에서 한동안 여행 이야기를 나누었습니다. 그들은 모스크바 외곽에서 태어났답니다. 미국에 이주하면서 모스크바의 풍습을 잊어 가며 살다 이번 여행에서 그들 고유의 풍물과 비

■ 스캐그웨이 항구에 정박된 크루즈

슷한 향기를 느꼈답니다. 세상에는 조금은 불편함이 있는 것이 좋다고 합니다. 불편함을 이겨 내는 인내심은 우리의 삶을 향기롭게 해 주기 때문이랍니다. 전기가 나가면 모든 것이 멈춰 버리는 현대를 비유한 말입니다. 그들은 미국에서 이웃이 없었고 인간미가 메마른 사회에서 살다가 이민 14년 만에 도시를 벗어나 자연을 맘껏 느낀 여행이랍니다. 그들과의 대화는 우리에게도 미국에서의 삶에 긴 여운을 남겼습니다.

스캐그웨이 항구에는 시애틀에서 출발한 크루즈가 정박해 있었습니다. 8만 톤 규모의 크루즈가 마치 바다 위의 조그마한 섬 정도로 크게 보였습니다. 승무원이 보통 8백여 명, 승객이 2천여 명, 실내 수영장, 조깅트랙, 도서관, 극장, 음식점, 이발관 등이 구비되어 있는 상상할 수 없이 큰 배입니다. 여기는 연중 400여 크루즈가 드나들며, 일일 5회 정도의 크루즈가 쉬었다 떠난답니다. 스캐그웨이 시내는 크루즈에서 내린 관광객들로 붐볐으며 상가에는 기념품, 금 장식품, 보석상, 모피 종류가 많았습니다.

기념품 상가에서 캘리포니아 관광객 부부와 인사를 나누었습니다. 그들은 크루즈 여행의 장점들을 늘어놓았습니다. 밤에는 다른 목적지로 이동하는 동안 선내의 각종 부대시설에서 즐기고, 낮에는 기항지에서 새로운 세계를 탐험한답니다. 여행의 하루하루가 즐겁고 여행이 끝나면 인생이 달라질 것 같다며 어깨를 들썩거렸습니다.



스캐그웨이에서는 1896년 항구 북방 클론다이크에 금광이 발견되었습니다. 매달 금을 캐러 오는 광부들로 한때는 인구 20,000여 명이 넘었답니다. 당시 이곳은 알래스카에서 가장 큰 항구로 번성하였던 곳입니다. 그러나 1899년 금광이 쇠퇴하면서 현재는 700여 명이 거주하는 관광 항구로 변신하여 매년 100만여 관광객이 찾는 곳입니다. 골드러시 당시에는 유콘 테리토리의 수도 화이트호스에서 산악 열차도 개통되었으나, 현재는 스캐그웨이 항구와 화이트패스 구간을 오가는 기차 관광코스로 이용되고 있습니다.

스캐그웨이의 브로드웨이 거리에서 유명한 곳은 모피 전문상점입니다. 롱코트, 조끼, 모자, 가방, 부츠 등 종류도 다양하였습니다. 알래스카 모피는 화려함과 부유함을 상징하는 품목이며 북극곰 코트가 제일 인기입니다. 상점 주인의 설명에 의하면 털의 밀도로 가격이 달라진다고 합니다. 고급모피는 털을 반대결로 밀어 보았을 때 가죽이 보이지 않는다고 합니다. 또 가죽이 부드럽고 신축성이 있어야 오래 입을 수 있답니다. 대부분의 동물 암컷은 털이 짧고 거칠지 않으며 가죽도 얇고 부드러워 호가로 팔린답니다.

관광객들이 정해진 시간에 유람선으로 떠나자 도시는 조용해졌습니다. 우리는 전망이 좋은 페리 터미널 벤치에 앉아 샌드위치를 만들었습니다. 그런데 한눈 파는 사이 바닷새가 날아오는 바람에 눈 깜짝할 사이에 샌드위치를 날치기당했습니다. 이곳 바닷새들은 약아빠져서 물고기는 잡지 않고 관광객들을 등쳐먹는 놈들입니다. 히말라야에서는 원숭이한테 샌드위치를 날치기당한 적이 있는데, 알래스카에서는 바닷새한테 당했습니다. 바닷새는 부리부리한 눈에 흑백 반점의 날개깃을 가졌습니다.

스캐그웨이를 출발하여 왓슨레이크 캠프장으로 달립니다. 스캐그웨이에서 312km, 5시간 거리입니다. 오후 늦은 시간 왓슨레이크의 다운타운 캠프장은 밤하늘의 별들이 쏟아져 내렸습니다. 매일 캠퍼들의 부드러운 눈길과 따뜻한 미소로 건네는 말 한마디에 가슴이 따뜻해집니다. 한번도 만난 적이 없는 사람들인데도 서로가 미소로 인사를 주고받으면 가슴속에 따뜻한 느낌이 전해집니다. 짧은 말 한마디라도 따뜻한 느낌으로 불러 주는 말에 행복감을 느낍니다. 좋은 말 중에 "밝은 미소 따뜻한 말 한마디로 행복을 전해 줄 수 있다면 행복한 사람"이라는 말이 있습니다. 우리에게 행복을 전해 준 캠퍼들에게 감사하고 우리도 행복을 전하는 그런 사람으로 살렵니다.

왓슨레이크에서 브리티시컬럼비아주의 프린스조지타운으로 가는 방법에는 두 가지 길이 있습니다. 알래스카 하이웨이와 37번 지방도로입니다. 우리는 37번 지방도로를 택했습니다. 캐나다의 농촌 지역을 살펴보고 싶었기 때문입니다. 37번 도로의 포장상태는 나쁘지만 원시적인 자연 상태를 볼 수 있습니다. 알래스카 하이를 벗어나 1시간 정도 달렸을 때 제이드(Jade) 전문 기념품 상점이 나왔습니다. 마을 이름도 '제이드시티' 입니다. 기념품이 다양해서 눈요기를 하는데 여주인이 제이드에 관해서 설명을 해 주었습니다.



제이드는 색깔도 다양하여 에메랄드색, 백색, 자주색, 보라색, 적색, 오렌지색, 황색, 갈색, 그리고 흑색이 있는데 녹색이 최상품이랍니다. 원산지는 미국 캘리포니아, 캐나다 서부, 버마, 러시아랍니다. 마을 뒷산에 질이 좋은 제이드 광산이 있어 저가에 판매한다고 강권하였습니다. 제이드시티를 지나니 길거리를 배회하는 흑곰과 여우가 보였습니다. 흑곰은 회색곰에 비해 코가 더 뾰족하고 몸이 적으며 사람의 인기척만 나도 산속으로 숨어 버립니다. 반면 회색곰은 몸집이 크고 접근하면 공격을 하는 놈입니다. 우리가 본 여우는 보통의 개보다 작고, 좁은 주둥이와 작은 귀 그리고 짧은 다리를 가졌습니다. 캐나다 여우는 평생 한 마리의 짝과 살며 수명은 대략 4-5년입니다.

어둠이 내려앉은 시간, 시골길에서 숙소를 찾기란 힘들었습니다. 해질 무렵 벨 어빙(Mt. Bell Irving)이란 시골의 허름한 모텔에서 여정을 풀었습니다. 주인도 없는 모텔 사무실 입구에서 30여 분을 기다리다 주인을 만났습니다. 이곳은 모텔이라기보다 도로공사 인부들의 장기 숙박소였습니다. 식사 후 커피 한 잔은 행복한 감각을 일깨워 주었습니다. 커피는 처음 한 모금이 말할 수 없는 기쁨을 줍니다. 집에서 마시는 커피맛은 별로인데 여행길에서 마시는 커피맛은 혀끝에 와 닿습니다. 커피맛도 분위기와 생각의 차이에 따라 다르게 느껴집니다.

캐나다 뉴테리토리의 산악지방과 알래스카는 어느 곳을 달려도 경이로운 자연과 아기자기한 풍경들이 많습니다. 하루하루가 즐거움의 연속이었습니다. 굽이치는 산악도로 운전도 흥겨웠습니다. 다른 곳에서 보지 못한 고산 식물들은 아주 이색적이었고, 그곳에서 자연의 순수함을 느낄 수 있었습니다.

## 극한의 땅 알래스카

북위 66도 33분을 넘는 북극권! 겨울이면 해가 거의 뜨지 않는 곳! 식물도 살아남기 힘든 극한의 땅! 인간이 살기에는 무력한 곳! 밤하늘에는 오로라 꽃이 피는 곳! 알래스카 북극권 풍경은 어떤 감명을 받을까! 이렇게 한가한 대륙 끝길로의 여행을 생각하게 된 동기는 색다른 체험을 해 보고 싶었기 때문입니다. 눈 덮인 북극권 산천의 신비롭고 환상적인 풍경을 담아 보고 싶었습니다. 그리고 몇 시간도 지루할 것 같은 곳에 살고 있는 사람들을 만나 보고 싶었습니다. 그들은 어떻게 살아갈까! 밤하늘에 피어오르는 오로라 꽃은 어떤 모습일까! 궁금하였습니다. 자연의 향기도 태양빛도 다른, 적도의 얼어붙은 세상으로 여행을 떠났습니다.

오리건주, 포틀랜드를 떠난 비행기는 3시간 30분 만에 알래스카의 입구도시 앵커리지에 도착하였습니다. 앵커리지에서 경비행기로 환승하여 페어뱅크스까지 45분이 걸렸습니다. 북극의 입구도시 페어뱅크스는 자동차 렌트를 하는 데 제약도 많았습니다. 비포장도로인 돌턴 하이웨이 진입 불가, 캐나다 월경 금지 등등…. 빙판길에 필요한 체인을 요구하였으나 포시즌 타이어라 필요치 않다고 합니다. 그리고 충전용 배터리 케이블을 주었습니다. 시내 모든 주차장에는 배터리 충전용 케이블 시설이 갖추어져 있었습니다.

얼어붙은 페어뱅크스에는 하얀 눈빛의 신비스러운 대지가 펼쳐졌습니다. 알래스카 북극권의 일기예보를 살펴보았습니다. 최북단 프루도 베이의 겨울철 평균 일기는 섭씨 영하 39도, 콜드풋 영하 35도, 페어뱅크스 영하 28도입니다. 우리가 살고 있는 오리건주 포틀랜드는 추웠던 겨울이 영하 5도 정도인 데 비해 극한의 추위입니다. 우연히 페어뱅크스 범죄 통계를 미국 본토와 비교해 보았습니다. 결과는 놀라웠습니다. 모든 범죄가 미국 본토보다 많았습니다. 살인사건은 약 2배나 많았고, 좀도둑과 차도둑이 많았습니다. 경제적으로나 물질적으로 균등한 도시가 아닌 듯합니다.

자정에 오로라 투어에 참가하였습니다. 페어뱅크스 북방 스티즈 익스프레스웨이로 1시간쯤 달려 도시의 불빛을 벗어난 한적한 주차장에 자동차 몇 대가 추위에 웅크리고 있었습니다. 일행은 한동안 차 안에서 먼 하늘만 바라보며 오로라를 기다렸습니다. 새벽 1시경 북쪽 하늘에 푸른빛이 감돌고 5-6분이 지나니 경이로운 자연의 신비가 나타났습니다. 여행객들이 일제히 탄성을 질렀습니다. 눈이 발목까지 빠지는 곳에 삼각대를 세웠습니다. 우주의 비밀을 카메라 프레임에 담는 자체가 행복하였습니다. 오로라의 율동은 흥분과 감동을 가슴속 깊은 곳까지 울려 주었습니다. 평생에 처음 대하는 오색찬란한 하늘 풍경, 셔터를 누르고 또 눌렀으나 눈에 보인다고 다 찍을 수는 없었습니다. 사진기에 담을 수 있는 것은

■ 하얀 눈 속에 안겨 있는 페어뱅크스 겨울 전경

■ 페어뱅크스 골든허트 공원의 원주민 동상

■ 온 세상이 새하얗게 변한 페어뱅크스 주변 풍경

■ 나뭇가지마다 얼음꽃이 만개한 페어뱅크스

■ 비행기에서 내려다본 하얀 세상

■ 딴 세상이 펼쳐지는 콜드풋 캠프

한정되었으며 사진기도 추위에 앙살을 부렸습니다. 보석처럼 빛나는 자연의 오묘함, 그 아름다움에 감탄해 사진을 담는 고행도 행복한 시간이었습니다.

페어뱅크스에서 미국 최북단 콜드풋으로 떠나는 1박 2일 경비행기 투어에 참가했습니다. 기상에 따라 여행 일정이 달라질 수도 있었지만 다행히 정시에 출발하였습니다. 8인용 경비행기는 개인비품으로 10파운드만을 허용하였습니다. 개인비품은 경비행기 날개 속에 감추고 하얀 눈발을 날리며 가볍게 떠올라 북극을 향해 날았습니다. 아래를 내려다보니 온통 하얀 세상이 펼쳐졌습니다. 페어뱅크스는 구름에 휩싸인 채 보일 듯 말 듯하였습니다.

하얀 눈나라를 날던 경비행기가 북극에 들어서면서부터 기체가 많이 흔들렸습니다. 모두가 긴장된 얼굴로 창밖을 보고 있었으나 무사히 도착하기를 기원하는 것 같았습니다. 마음 졸이며 이륙한 지 40여 분 만에 콜드풋 캠프 비행장에 내렸습니다. 콜드풋이란 지명은 1900년대 초기 금광 채굴자들이 섭씨 영하 50도의 추위에 발이 시려 붙여진 이름이 훗날 지명이 된 것이라 합니다. 콜드풋(Coldfoot) 북방 11km, 와이즈맨(Wiseman) 마을 북방은 퍼머 프로스트 지대입니다. 대지가 사시사철 얼어붙는 땅입니다. 이곳은 프루도 베이의 원유 생산에 필요한 석유를 운반하는 트럭 기사들이 가스를 넣고 떠나는 휴게소로, 페어뱅크스와 프루도 베이의 중간 지점입니다. 마을 주변을 둘러보니 차가운 대지 위에 오두막 몇 채 외에는 아무것도 없는 세상입니다. 일 년 중 8개월은 새하얀 눈에 덮이며 온통 하얀 적막의 흔적뿐입니다. 그야말로 작고 텅 빈 마을이지만, 알래스카 지도에는 크게 표시되어 있습니다. 안내자의 말에 의하면, 인구 11명이 깊은 고독에 잠긴 자연과 함께 살아가는 세상이랍니다.

콜드풋 비행장 주변, 끝없는 눈꽃 대지를 걸어 보았습니다. 북극에 왔다는 것이 실감 났고 바람과 공기의 느낌도 달랐습니다. 반짝반짝 빛나는 하얀 눈은 바라보기만 하여도 가슴이 벅차올라 행복하였습니다. 바람이 불면 하얀 눈꽃은 먼지같이 날렸는데, 현지인들은 '파우더 눈'이라 불렀습니다. 북극에서 소변을 보면 바로 얼어 버린다기에 실험도 해 보았으나 그 정도는 아니었습니다. 허나 입속 양칫물을 허공에 뿌렸더니 바닥에 닿자마자 얼어 버렸습니다. 차가운 공기는 눈물도 순식간에 얼어 버리게 할 것 같았으며, 콧물이 나오면서 얼굴에 달라붙어 얼어 버렸습니다. 심장도 멈춰서 얼어붙을 것 같았습니다. 대자연에 굴하지 않고 살아가는 콜드풋 사람들이 대견스러워 보였습니다.

숙소 앞 콜드풋 캠프 식당에서 세상 눈치 안 보고 자유롭게 살아가는 마을 사람 11명 중 6명을 만났습니다. 그분들의 삶은 먹고 자는 일이랍니다. 그들과 같이한 시간은 마치 걸리버가 여행을 하듯 신비로운 세계로 들어온 느낌이었습니다. 먹고 자는 나라 사람들의 생활을 들여다보니 행복한 것만은 아니었습니다. 그들은 잃어버린 물건을 찾는 듯 식당 내에서 사방을 두리번거렸으며 무언가에 홀린 사람들 같았습니다. 그들은 마치 1726년 스위프트가 쓴 풍자소설 『걸리버 여행기』에 나오는 사람들 같았습니다.

아무것도 없는 하얀 세상의 야전 침대에서 두꺼운 옷을 입고 침낭 속에 들었습니다. 새벽에는 추웠으나 이튿날 아침 멀쩡하게 깨어났습니다. 일행의 얼굴에는 웃음과 따뜻함이 배어 있었습니다. 이곳에서는 서로의 표정마저 따뜻하지 않으면 마음도 얼어붙어 버릴 것만 같습니다. 일행 중 한 명이 아침 식사 전 감사기도를 하였습니다. 이제 8시간 후면 이곳을 벗어나 414km 남방에 있는 페어뱅크스에 도착한다는 말에 모두들 환호의 손뼉을 쳤습니다. 그러나 환호 소리도 추위에 얼어붙어 가냘프게 들렸습니다.

캠프 식당에서 미남 청년 마이클 경찰관을 만났습니다. 그의 고향은 콜로라도 덴버, 페어뱅크스 대학에서 생물의학을 전공하고 이곳이 좋아 경찰이 되었다고 합니다. 생물의학이 무엇이냐고 물었더니, 알래스카인들의 건강을 좌우하는 환경 요인을 조사 · 연구하는 학문이랍니다. 그는 매일 식당에서 게임이나 TV를 보는 것이 하루 일과지만 간혹 트럭 기사나 마을 사람들이 오늘이 며칠 몇 시냐고 짜증스런 대화도 한다며 환하게 웃었습니다. 시계를 보지 않으면 낮인지 밤인지 구별이 안 된다는 말이 실감 났습니다. 해도 없고 달도 없이 새하얀 눈으로 환한 세상이 평화롭게 느껴졌습니다.

이곳에서 개썰매 사업을 하며 여행 알선업을 하는 운전기사 '제이컵' 이야기입니다. 그는 캘리포니아 로스앤젤레스 인근 노스리지가 고향이고 페어뱅크스 대학에서 관광학을 전공하였답니다. 이곳에 오기 전 페어뱅크스에서 2년여 간 여행 알선업을 하다 16개월 전 이곳에 정착하였다고 합니다. 그는 콜드풋의 아름다운 자연을 이야기해 주었습니다. 밤하늘에 흐르는 은하수와 별들이 보석처럼 빛나는 콜드풋의 6개월은 해도 뜨지 않는 설국이랍니다. 그리고 모든 것을 참고 버티면 여름도 오고 꽃도 피며 관광객이 모여들어 활기가 넘친답니다. 그는 이곳이야말로 희망과 소망을 이룰 수 있는 곳이라며 여름 3개월에 $70,000 상당의 수입을 올린다고 합니다. 그는 알래스카 토지 시스템에 대해서도 설명해 주었습니다. 알래스카 토지의 67%는 정부 소유고, 나머지 32%는 토지관리공사가 관리하며, 개인 소유는 1% 미만이랍니다. 돌턴 하이웨이는 프루도베이 오일회사 소유이며 개인 자산이랍니다.

콜드풋의 여름철 3개월은 22시간 해가 떠 있지만 11월에 해가 지면 겨울에는 해가 지평선 끝에서 코만 내민답니다. 겨울철 콜드풋은 21시간 정도가 밤이랍니다. 콜드풋은 깨끗한 환경, 원시적인 자연환경 때문에 오지탐험을 즐기는 사람들이 찾는 특별한 곳입니다. 극한의 추위에도 자연의 시간은 찾아와 여름에는 꽃도 피운답니다. 내가 그의 이야기에 관심을 보이자 현재 집 한 채가 매물로 나와 있다며 전화번호까지 알려 주었습니다.

일행은 바람도, 소리도 얼어붙은 조용한 곳에서 개썰매를 타며 콜드풋 징표를 남겼습니다. 제이컵은 알래스카 개썰매 역사도 설명해주었습니다. 1898년 베링해 연안의 소도시 놈(Nome)의 도로 공사 중 사금이 쏟아져 나왔습니다. 그 소문이 퍼지자 사금을 캐러 모여드는 사람들이 무려 5만여 명에 달했습니다. 도시가 번성하면서 악성 디프테리아 전염병이 돌

■ 달리려고 태어난 허스키 눈썰매 개

아 많은 사람이 죽었습니다. 전염병의 혈청을 구하기 위해 10여 명의 자원 봉사자들이 모였습니다. 그들은 1821년 1월 시베리안 허스키 개썰매를 타고 1,851km 거리인 앵커리지까지 5일 8시간을 걸려 왔습니다. 그들은 혈청을 운반하여 전염병을 막았으며, 개썰매의 전설적인 영웅이 되었습니다. 시베리안 허스키는 추위에 강하고 날렵하여 최고의 개썰매견입니다.

1967년 역사학자인 도로시 페이지가 1821년 당시의 개썰매 트레일을

■ 아이디타로드 개썰매 대회 루트

조사하였습니다. 그리고 1973년 조 래딩턴 시니어가 이 사건을 기리며 만든 대회가 세계 최대 개썰매 대회인 '아이디타로드(Imitator)'입니다. 아이디타로드란 알래스카 원주민 언어로 '머나먼 거리'란 말입니다. 1973년 대회 개최 후 현재까지 놈에서 앵커리지 구간의 5일 8시간이란 기록을 갱신하지 못하고 있습니다. 목숨을 걸고 달릴 만큼 다급했던 당시의 현지인들과 스포츠 상금을 타기 위한 선수들과는 서로의 목적이 다르기 때문일 것입니다.

매년 3월 중순에는 세계적인 개썰매 경기로 알래스카의 경기도 불이 붙습니다. 거친 자연 속에서 펼쳐지는 앵커리지 세계 최대 개썰매 대회는 개와 사람이 호흡을 맞추는 경기입니다. 개썰매에는 4마리가 이끄는 단거리, 6마리가 이끄는 중거리, 8-10마리가 이끄는 장거리가 있으며, 개 숫자에 제한을 받지 않는 오픈 경기도 있습니다. 장거리 대회는 설원을 10-15일간 달리는데, 16마리의 개를 허용하지만 출발점을 떠난 개의 50%가 종착지에 들어와야 합니다.

## 북극의 하늘빛

콜드풋에서 북극 경계선까지는 남쪽으로 약 96km, 자동차로 2시간 30분 거리입니다. 콜드풋을 출발하여 북극 경계선으로 내려갑니다. 버스 유리창은 찬 공기와 높은 습도로 성에가 생겨 밖을 내다볼 수가 없습니다. 창밖을 보기 위해 성에 낀 얼음 창문을 동전으로 긁고 수건으로 닦았습니다. 허나 그마저도 4–5분이 지나면 창문은 다시 얼어붙었습니다.



잠시 졸다가 성에가 피어오른 버스 유리창에 얼굴이 닿았습니다. 순간적으로 얼굴이 유리창에 달라붙으며 진저리 치게 차가웠습니다. 창밖으로 본 하늘은 별빛이 유난히도 밝게 보였습니다. 그런데 알고 보니, 그것은 별빛이 아니라 알래스카 파이프라인 제5펌프장 전등불이었습니다.

펌프장은 원유가 원활하게 흐르도록 펌핑을 해 주는 곳입니다. 프루도베이에서 출발한 원유를 1,280km 남쪽 발디즈까지 일정 속도로 운송하기 위해서는 11곳의 펌핑장을 거칩니다. 알래스카 송유관은 미국 석유 공급의 20% 정도를 차지하며 미국 경제에 중요한 시설입니다. 총 공사비 80억 달러, 공사인원 7만 명을 동원해 3년 2개월에 1,280km를 완공시켰습니다. 대부분 지상으로 연결되었으나 영구동토를 지나는 지하 송유관은 콘크리트 공사로 고정시킵니다. 지상으로 나온 파이프는 받침대 양쪽에 라디에이터(Radiator)로 파이프를 얼지 않게 합니다. 또한 송유관 내부에 달라붙은 기름 찌꺼기를 제거하는 피그(pig)를 이용하여 송유관 청소도 할 수 있습니다. 일정한 높이로 원유를 이송하는 송유관은 야생동물 활동에 방해를 주지 않도록 하였으며, 강도 8.5의 강진에도 견딜 수 있게 설계되었습니다.

송유는 베링해협의 프루도 베이 유전에서 발디즈 항구까지 6일이 걸립니다. 북극해에서 뽑아 올린 원유의 온도는 섭씨 75도 정도이나 송유관을 통해 45도 정도를 유지하며 밀려 나갑니다. 송유관 외부의 기온은 여름철에도 빙점에 가까워 송유관 안팎의 온도 차이를 해결하기 위해 특별한 기술로 제작되었습니다.



북극 경계선에서 대기 중인 대형 버스로 환승하였습니다. 콜드풋에서 악틱서클까지는 미니 버스로 이동하였으나, 악틱서클에서 페어뱅크스까지는 대형 버스로 교체되었습니다. 유콘강을 건너는 유콘교 휴게소에서 잠시 휴식 시간이 주어졌습니다. 별들이 총총한 밤하늘 아래, 일행은 손전등을 켜고 얼어붙은 유콘강을 반쯤 건너갔다 되돌아왔습니다. 총총한 별들은 윙크하듯 깜빡거렸고, 별들 사이를 헤집고 사라지는 별도 있으며 별똥별이 손짓하며 다가오기도 하였습니다. 하늘에 보이는 것은 모두 아름다워 보였습니다. 일행은 벅찬 환희에 눈물을 글썽거렸습니다. 별들이 이렇게 크게 빛나는 것은 생전 처음 보는 광경이었습니다.

고요한 밤하늘의 별빛, 불빛도 없는 적막한 밤, 영원히 끝나지 않을 것

■ 송유관 저편으로 아침 해가 떠오르는 풍경

■ (왼쪽)유난히도 크게 빛나는 북극의 북두칠성 (오른쪽)별똥별이 손짓하며 달려오고 꼬마 전등불같이 밝은 밤하늘의 은하수(갤럭시)

같은 밤, 일행 중 한 명이 고요함을 즐기는 여행이라고 하였습니다. 북극의 찬란한 밤하늘을 보고 있자니 마치 거대한 하늘의 도시 불빛을 보는 듯하였습니다. 북극의 밤하늘을 사진기에 담는 자체도 행복하였습니다. 별들의 율동은 흥분과 감동을 가슴 깊은 곳까지 울려 주었습니다. 밤하늘의 북두칠성과 은하수를 바라보며 북극권 여행의 낭만을 담았습니다. 지금도 당시의 사진을 볼 때마다 그날의 가슴 시렸던 추억이 되살아나곤 합니다.

유콘철교의 야간 전등불빛, 은하수와 북두칠성이 유난히도 반짝였습니다. 유콘강은 악틱서클에서 96km 남방입니다. 브리티시컬럼비아 주 북방에서 발원하여 유콘 테리토리를 거쳐 알래스카주를 동서로 관통하는 강입니다. 강줄기 길이가 3,700km 정도이며 베링해로 흐르는 강입니다. 일행은 유콘강을 지나 리벤굿에 도착하였습니다. 유콘강에서

■ (왼쪽) 경이로운 자연의 신비 (오른쪽) 수많은 별들과 은하수가 밤하늘을 채우며 오묘한 빛이 춤추는 북극 하늘

90km 거리입니다.



리벤굿에서 휴식을 하며 오로라 투어에 참가하였습니다. 오로라가 언제 어디서 나타날지 들뜬 기분으로 기다렸습니다. 한적한 산마루에서 추위에 웅크리고 먼 하늘만 바라보며 오로라를 기다렸습니다. 새벽 1시 50분경 먼 하늘에 푸른빛이 감돌더니 경이로운 자연의 신비가 나타났습니다. 여행객들이 일제히 환성을 올렸습니다. 초록색, 녹색, 황록색과 붉은색이 종횡으로 타오르는 장면은 신비로웠습니다. 잠시 사라졌다 다른 방향에서 나타나며 시시각각으로 형태도 변하였습니다. 오로라를 보는 일행들의 모습은 마치 연인을 만난 듯 행복해 보였습니다.

오색 찬란한 빛의 향연이 마음을 사로잡았습니다. 오로라의 묘한 현상은 태양이 뿜어내는 '플라즈마'라는 입자가 지구 가까이 흐르다가 지구의 자기장 안으로 빨려 들어올 때 발생하는 현상이라 합니다. 태양에서 방

출된 대전 입자가 지구 자기장에 이끌려 대기로 진입하면서 공기 분자와 반응하여 빛을 내는 현상이랍니다. 오로라는 일 년 내내 나타나지만 낮에는 햇빛이나 구름에 가려 안 보이고, 여름에는 백야현상으로 볼 수 없으며 겨울철 맑게 갠 북극 하늘에 보이는 현상입니다.

콜드풋에서 얼어붙은 마음도 녹아내렸습니다. 북극빛의 감동이 온몸을 감싸 버렸습니다. 그리고 눈시울을 적셨습니다. 오색찬란한 하늘 풍경, 셔터를 누르고 또 눌렀습니다. 사진기에 담을 수 있는 것은 한정되었으며 사진기도 영하 20도의 극한 추위에 앙살을 부렸습니다.

버스 안으로 돌아와 사진을 점검해 보려니 카메라가 작동되지 않고 렌즈가 하얗게 되었습니다. 렌즈 앞 수증기가 얼어붙어 일어난 현상입니다. 차가운 곳에 노출되었다 실내온도로 돌아왔기 때문입니다. 한순간의 오로라 추억을 아름다운 기억창고에 간직하렵니다. 새벽 3시경 호텔로 돌아오는 길에서 본 페어뱅크스는 수많은 별들이 지구로 내려와 쉬는 듯하였습니다. 일주일 동안 새하얀 눈의 세상에서 지내고 포틀랜드로 돌아오니 다른 세상 같아 보였습니다.

# 고요한 눈길

2016년 12월의 끝자락, 휴가지는 알래스카의 앵커리지로 정했습니다. 앵커리지는 지구의 최북단 도시 중 하나이며 알래스카의 관문입니다. 그리고 다양한 문화를 체험할 수 있는 도시입니다. 앵커리지의 겨울 기온은 영하 20도 정도로 떨어지며 눈이 내리지만, 가면 갈수록 흥미 있는 도시입니다. 우리가 도착했을 때도 눈이 내려 도시가 마치 환상적인 북극의 그림엽서 같았습니다. 다음 날 아침 앵커리지의 하늘은 포틀랜드의 하늘 못지않게 푸르고 싱그러웠습니다. 7번의 알래스카 여행에서 오늘같이 쾌청한 일기는 처음입니다. 앵커리지 국제공항에서 10여 분 거리인 벨루가 포인트와 워런조 포인트프로 서둘러 나갔습니다. 나익암(Knik Arm) 해변과 쿡인렛, 알래스카 레인지, 앵커리지 시내를 한눈에 볼 수 있는 곳입니다.

"우와-아!"

알래스카 레인지와 앵커리지 시내가 나익암 해안에 반사된 풍경에 관광객들이 쏟아내는 감탄사입니다. 쿡인렛, 알래스카 레인지, 앵커리지 시내를 프레임에 담는 시간은 행복하였습니다.

하루는 시내에서 30여 분 거리인 글렌알프스(Glen Alps) 트레일 헤드로 이동하였습니다. 도로는 꽁꽁 얼어붙었으나 현지인들은 여름철에 운전하듯 빨리 달렸습니다. 트레일 헤드 주차장에 주차를 하고 1km 정도의 앵커리지 오버룩 전망대를 둘러보았습니다. 전망대에서 바라본 앵커리지 전경은 고층건물 몇 곳을 제외하면 황홀한 툰드라 같습니다. 앵커리지 오버룩 주변에는 12개의 트레일이 있습니다. 그중에서 대표적 트레일인 플랫탑 트레일로 들어섰습니다. 플랫탑은 산 정상이 평지라는 의미에서 붙여진 이름입니다.

주차장 북동쪽 능선에 트레일 입구가 있습니다. 능선으로 올라가는 숲길은 바람이 스치면 나뭇가지에서 눈꽃을 터트리며 날리는 풍경이 이채로웠습니다. 알래스카 눈은 수분이 많지 않아 '파우더 눈'이라 불립니다. 눈이 얼어붙지 않아 바람이 불면 먼지처럼 훌훌 날아가 버립니다. 10여 년 전 여름에 걸어 본 길이지만, 하얀 눈길은 새롭게 느껴졌습니다. 눈꽃이 가득 핀 등산로 입구를 걷는 기분은 여름과는 분위기가 사뭇 달랐습니다. 뽀드득거리는 발걸음은 가을 단풍길을 걷는 바스락 소리보다 더 운치 있었습니다. 눈 덮인 얕은 언덕을 오르자 앵커리지 시내, 쿡해안, 알래스카 레인지가 한눈에 들어왔습니다. 30여 분 산허리 능선을 돌아가니 가파른 트레일로 연결되었습니다. 경사가 심한 곳은 굵은 목책으로 계단을 만들어 놓았습니다. 눈 덮인 트레일에서 신발에 미끄럼을 방지하는 스파이크는 필수입니다.

눈 덮인 목책 계단길은 미끄러워 가던 길을 포기하고 되돌아 내려가는 트레커도 있습니다. 트레일은 계속 가파르게 연결되었습니다. 트레일 입구에서 40-50분 거리입니다. 내려오는 트레커에게 정상 트레일에 관한 정보를 물었습니다. 가파른 마지막 트레일 100m는 미끄러우니 조심하라고 당부합니다. 눈길에서 처음 만난 사람이라 반갑고 정겹기까지 하였습니다. 우리가 반가운 마음을 전했더니 그들도 반가워하였습니다. 외진 산길에서 같은 취미를 가진 사람들과 함께 걷는 것도 인연입니다. 우리는 서로 손을 흔들며 헤어졌습니다. 트레일에 우리 외에도 사람이 있다는 사실에 마음이 든든하였습니다. 한동안 앞서 가던 와이프가 함성을 질렀습니다. 하늘에서 즐거운 시간을 보내는 사람을 본 것입니다. 플랫탑 정상에서 바람을 타고 행글라이딩을 하는 사람들입니다. 하늘을 자유롭게 날아가는 모습을 보니 발끝에서 느껴지는 눈길의 촉감도 부드럽게 느껴졌습니다.



가파른 능선의 오르막 트레일은 중간중간 굵은 목책계단으로 연결되어 있습니다. 눈 덮인 계단으로 내려오던 트레커가 10m 아래로 미끄러지며 비명을 질렀습니다. 다행히 절벽 아래로 미끄러지지는 않았습니다. 얼굴과 손이 곱아 감각이 없어져 갔습니다. 영하 20도의 날씨에는 말하는 것도 구차하게 여겨져 입도 다물었습니다. 힘들고 미끄러운 트레일은 점점 정상으로 가파르게 연결되었습니다. 우리를 앞지르며 서둘러 오르는 트레커들이 있었습니다. 우리도 그들 틈에 끼여 걷다 보니 정상이 가깝게 보이는 지점에 이르렀습니다. 정상에 이르는 마지막 코스는 모험심을 자극하였습니다. 앞사람이 지나간 눈길을 따라 한 발 한 발 옮겨 나갔습니다. 다리가 풀릴 정도로 마지막 힘을 다해 정상에 올랐습니다. 글렌알프스 파킹장에서 출발하여 미끄러운 눈길을 쉬엄쉬엄 오르다 보니 정상까지 3시간 10여 분이 걸렸습니다. 여름철에는 2시간이면 오를 수 있는 거리입니다.

"우와-아! 여긴 굉장히 아름다워요!"

뒤따르던 와이프의 말입니다. 우리는 뜨거워진 심장을 차갑고 상쾌한 공기로 채웠습니다. 정상은 축구장 2개 정도의 크기입니다. 전원 같은 한적함! 겨울의 정취! 주변을 둘러보기만 하였어도 가슴이 뛰었습니다. 갑자기 몸이 휘청거릴 정도의 세찬 바람이 불어와 큰 바위 틈에 쪼그리고 앉았습니다. 정상의 뾸난 바위들은 오랜 세월에 깎여 모양도 제각기 다양합니다. 정상에서 내려다본 앵커리지는 하얀 눈 속에 담긴 한 폭의 산수화 같습니다. 멀찌감치 쿡인렛, 앵커리지 주변이 한눈에 들어옵니다. 플랫탑 트레일은 앵커리지 눈꽃 트레킹의 진수를 맛볼 수 있는 곳입니다. 앵커리지 주변의 눈 덮인 설산 풍경은 완전히 딴 세상이었습니다. 흐린 날씨에 눈까지 내려 풍경 사진을 담을 수 없어 아쉬웠습니다.

눈덮인 하산길은 미끄러웠습니다. 정상에서 50m 정도 내려왔을 때 추위에 떨고 있는 개 한 마리를 보았습니다. 하얀 몸통, 코 위에서 귀까지는 검정색을 둘렀고, 짤막한 다리에 초롱초롱한 눈, 펑펑한 얼굴을 가진 소형견이었습니다. 그런데 개 눈이 마치 여자 눈썹처럼 메이크업을 하였습니다. 추위에 떠는 모습이 가여워 빵조각을 던져 주었더니 우리를 주시한 채 먹지를 않았습니다. 우리가 시선을 돌려 모른 척하였더니 어느

■ 플랫탑 정상에서 본 앵커리지 전경

새 먹어 치웠습니다.

우리는 신경이 예민해진 개 구조에 나섰습니다. 간식으로 챙겨간 빵 조각을 또 한 번 던져 주었습니다. 간절한 눈빛으로 빵을 바라보지만 먹지는 않았습니다. 우리가 못 본 척하였더니 이내 먹어 치웠습니다. 수줍음이 많은 놈입니다. 자세히 보니 눈물 자국도 보였습니다. 우리가 뒤도 돌아보지 않고 하산을 서두르자, 꼬리를 치며 일정 거리를 유지하며 따라왔습니다. 오후 3시경 사방은 어둠이 내리고 앵커리지 시내 전등불도 하나둘 반짝였습니다.

1시간 정도 같이 내려온 인연으로 뒤따르던 개는 조금씩 가깝게 다가왔습니다. 개를 어떻게 처리할 것인지 온갖 상상을 하였습니다. 애절한 개의 눈빛을 외면할 수 없었던 우리는 호텔로 데려가기로 하였습니다. 뒤따르던 개는 차츰 꼬리를 흔들며 더욱 가깝게 따라왔습니다. 트레일 입구에 가까워졌을 때 중년 부부가 숨을 헐떡이며 올라왔습니다. 이렇게 늦은 시간에 올라오는 트레커가 대단하다고 생각하였는데, 뒤따르던 개가 갑자기 우리를 앞질러 달려 나갔습니다. 우리가 큰 소리로 불렀지만 뒤도 돌아보지 않았습니다. 그리고 올라오던 중년 부부의 품에 안겨 꼬리를 흔들었습니다. 개 주인의 눈에서는 눈물이 글썽거렸습니다. 앵커리지 현지인이라는 중년 부부는 우리에게 고마움을 표시하였습니다.

눈을 맞으며 걸었던 플랫탑 트레일은 힘들어도 힘든 줄 모르고 걸었습니다. 알래스카는 언제나 우리를 따뜻한 추억 속으로 인도하였습니다. 트레일 초입에서 위험한 눈길 플랫탑을 다녀올 수 있을까 두렵기도 하였으나, 트레일 헤드로 돌아왔을 때는 행복한 생각들이 밀려왔습니다.

앵커리지에서 자동차로 40여 분 거리에 있는 거드우드의 알예스카 리조트에서 하루를 쉬었습니다. 알예스카란 알래스카 원주민들이 알래스카를 불렀던 옛 이름입니다. 호텔 내부는 근대적인 디자인으로 아늑한 느낌을 받았습니다. 호텔 주변을 걸어 보았습니다. 거드우드 마을의 모텔과 호텔들은 근대적이며 산뜻해 보였습니다. 사치스러운 모텔도 보였으나 대부분 아담하였습니다. 마을 주변은 높은 빙산으로 둘러싸여 무척 아늑하였습니다. 이곳은 1900년대 중반 금광이 폐쇄되면서 알래스카 최대의 리조트 타운으로 자리 잡은 곳입니다. 거드우드의 크리스마스 휴일은 스키어들과 스노보드족들로 붐볐습니다.

리조트에서 운영하는 트랩을 타고 해발 701m 정상에 올라 '세븐글레이셔스' 레스토랑을 찾았습니다. 레스토랑 이름은 식당에서 마주 보는 젠투 피크, 래지톱 피크, 캘리포니아 피크, 루블 톱, 제웰 톱 등 7개의 빙하 피크를 볼 수 있어 지어진 이름입니다. 1994년에 오픈한 음식점은 전체를 통유리로 치장하여 주변의 전경을 한눈에 볼 수 있습니다. 신선한 알래스카 킹크랩 요리와 포도주 한 잔에 한동안 전신이 알싸해졌습니다. 한 잔의 포도주는 마음의 동산을 따뜻한 향기로 채워 주었습니다.

트랩 정상 세븐글레이셔스 레스토랑 옆, '보어타이드 바(Bore Tide Bar)'는 스키어들로 붐볐습니다. 간단한 빅토리아 스타일의 패스트푸드 음식점은 주문이 쇄도하였습니다. 옆 좌석에 앉은 스키어의 헬멧이 특이하여 말을 걸었습니다. 그녀의 자이로 어밴스 헬멧은 다른 헬멧에 비해 고급 발포재로 만들어 충격 보호 시스템이 양호하다고 합니다. 가격을 물었더니 $600 정도로 일반 헬멧의 2배 정도였습니다.

스키장으로 나가 보았습니다. 하늘에는 잿빛 구름이 무겁게 깔렸으며 아담한 '라운드하우스 뮤지엄' 아래로 스키어들과 스노보드족들이 줄을 지어 하강을 하였습니다. 주변의 빙하 설산과 '턴어게인 암', 거드우드 타운의 설경, 알예스카 호텔의 야경과 자연의 경이로움에 감탄사가 절로 터져 나왔습니다.

호텔에서 30여 분 거리인 턴어게인 암(Turnagain Arm)이 끝나는 지점에서 와일드 라이프 보호센터를 둘러보았습니다. 야생동물들이 어미를 잃거나 상처 입은 동물을 보호하는 곳입니다. 보호센터에서는 상처 입은 동물들을 스스로 자립하게 만들어 자연으로 돌려 보내는 일을 합니다.

알래스카는 아침 10시-오후 6시가 겨울철 공식업무 시간입니다. 해는 아침 10시 반경에 떴다가 오후 3시경에는 어두워졌습니다. 앵커리지 다운타운에 있는 캡틴쿡 호텔로 이동하였습니다. 동물 보호센터에서 수어드 하이웨이 북방으로 1시간 정도 거리입니다. 알래스카 사람들은 빙판길 하이웨이를 '블랙 아이스'라 불렀습니다. 눈 덮인 하이웨이는 중앙선이 잘 보이지 않았으나 현지인들은 빠른 속도로 달렸습니다.

앵커리지 다운타운 서쪽 4번가에 자리 잡은 캡틴쿡 호텔로 들어서니 시간여행을 하는 듯하였습니다. 너무 밝지도 흐리지도 않은 은은한 호텔 리셉션의 조명은 따뜻한 분위기였습니다. 호텔 내부의 대부분은 제임스 쿡 선장의 탐험선과 그의 초상화로 장식되어 있었습니다. 스코틀랜드의 요크셔에서 태어난 캡틴 쿡은 영국 해군에 입대해 다양한 항해를 하며 세계항해 지도를 제작하였습니다. 앵커리지 역시 캡틴 쿡의 발자취로 그의 이름이 남아 있습니다. 그는 1700년대, 태평양과 대서양을 3번이나 항해하며 미지의 세계를 발견하였습니다. 그리고 그의 세계일주 항해일지는 영국이 대영제국으로 번영하는 계기가 되었습니다. 그는 그 시대에 인간이 갈 수 있는 지구촌 끝까지 떠났던 탐험가였습니다.

하루는 시내에서 20여 분 거리인 악틱밸리의 하얀 눈길을 달리다 첫 번째 전망대에서 잠시 쉬었습니다. 고드름만 매달린 앙상한 나무 사이로 앵커리지 시내가 보이는 곳입니다. 그곳에서 몇 분을 더 달려 '나익암 쿡인렛' 전망대에 멈추었습니다. 역시 앵커리지 시내가 나뭇가지에 걸려 시원하게 보이지는 않았습니다. 다시 몇 분을 달려 '악틱밸리' 도로에서 모닥불을 피우며 피크닉을 즐기는 알래스카 현지인들을 만났습니다. 멋있는 낭만이었습니다. 그들은 우리가 중국 사람인 줄 알고 "니하오" 하며 먼저 인사말을 건넸습니다. 우리는 한국인이며 포틀랜드에 산다고 하였더니, 그들도 한때는 포틀랜드에 살았다며 반가워하였습니다. 우리는 정든 사람을 만난 듯 한동안 각자의 이야기를 나누며 꽃을 피웠습니다. 얼음꽃이 만발한 거리에서 캠핑을 즐기는 그들을 바라만 보아도 흐뭇하였습니다. 추운 계절이지만 추위를 즐기며 고요함을 만끽하는 낭만적인 그들의 마음만은 따뜻한 계절이었습니다.

■ 턴어게인 암 해변이 보이는 세븐글레이셔스 스키장

혹독한 추위를 즐기는 현지인들의 캠프장을 떠나 앵커리지 전경이 한눈에 들어오는 곳까지 올라갔습니다. 발목을 삼키는 눈길에서 앵커리지 전경을 보는데, 코앞에 곰이 보였습니다. 한동안 두려움 속에서 흑곰을 관찰하였습니다. 흑곰은 우리와 눈길을 마주하고 경계하는 모습을 보였습니다. 호텔을 나설 때 매니저가 운이 좋으면 곰도 만날 수 있다고 하였는데, 운이 좋은 날이었습니다. 지금도 눈을 감으면 알래스카의 하얀 빙원을 걸었던 시간들이 꿈같이 다가옵니다. 알래스카 여행은 낭만적이었습니다. 아무도 밟지 않은 대지에서 새로운 도전과 새로운 열정을 느꼈습니다.

2장

# 에베레스트 전망대로 가는 길

■ 에베레스트 4대 전망대 트레일

■ 4대 전망대 트레일

에베레스트 메인 트레일: 루크라–팍딩 9km, 4.5시간// 팍딩–남체바자 12km, 6시간// 남체바자–텡보체 12km, 10시간// 텡보체–딩보체 12km, 6시간// 딩보체–로부체 12km, 6시간// 로부체–고락셉 4km, 2시간// *하산* 고락셉–딩보체, 20km, 6시간// 딩보체–남체바자 24km, 8–10시간// 남체바자–루크라 21km, 7–9시간//

에베레스트 고교 트레일: 남체바자–포르체텡가 6km, 5시간 // 포르체텡가–마체르모 10km, 5시간 //마체르모–고교 7km, 4시간 //고교–고교피크 3km, 왕복 4시간 // 고교–렌조패스 4.5km, 왕복 4–5시간 // 고교–제5호수 5km, 왕복 5시간 // 고교–당락 4km, 2시간 // 당락–촐라패스–종라 7km, 8–9시간 // 종라–로부체 6km, 3–4시간 // 로부체–고락셉 4km, 2시간//

## 산악인들의 안식처 카트만두

히말라야산맥 중앙에 위치한 카트만두는 세계의 매력적인 도시 중 하나입니다. 겉만 보면 지저분하고 볼품없는 도시처럼 보이나 자세히 살펴보면 숨은 매력이 많습니다. 카트만두의 바람 소리는 옛날이나 다름없었으며, 타멜거리는 여전히 여행객들로 분주하였습니다. 타멜거리는 카트만두 왕궁 박물관 가까운 곳에 있는 배낭 여행자들의 천국 같은 거리입니다. 값싼 호텔과 모텔, 여인숙과 게스트하우스, 온갖 식당과 기념품 상가들이 늘어선 곳입니다.



네팔을 대표하는 트레킹 코스는 3곳으로 요약할 수 있습니다. 용감한 트레커들이 다니는 동부 네팔의 에베레스트 코스, 낭만적인 트레커들이 다니는 서부 네팔의 안나푸르나 순환 코스, 자연과 문화를 사랑하는 트레커들이 찾는 중부의 랑탕 트레킹 코스입니다. 히말라야 트레일은 더없이 거친 환경에서 놀라운 사람들이 살아가고 있는 곳입니다.

세상에서 가장 높은 에베레스트 트레일은 고도가 높아 고소 적응을 하며 충분한 시간을 갖는 것이 필요합니다. 최소한 23일 정도의 시간이 필요하며, 히말라야의 숨결을 제대로 느낄 수 있는 곳입니다. 건강한 사람만이 갈 수 있는 길이기도 합니다. 서부 네팔 안나푸르나 순환 트레일은 고소 적응 부담도 적으며, 안나푸르나 산군을 360도 둘러보는 트레일입니다. 그리고 랑탕 트레킹 코스는 히말라야의 다양한 문화와 아름다운 히말라야 야생화를 구경할 수 있는 트레일입니다. 히말라야 트레킹은 지구촌 백팩커들의 로망인 알프스, 안데스, 로키에서 만날 수 없는 장점들이 많습니다. 트레일 중간중간에 마을과 롯지가 있어 텐트 없이도 침낭만 준비하면 추억 여행을 할 수 있습니다.

네팔은 관광이 중요한 수입원으로 히말라야 등산 허가비 수입만 매년 약 300만 달러나 됩니다. 네팔 관광성은 산의 높이에 따라 등급으로 나누어 등산 허가비를 부과합니다. 에베레스트 등산 허가비는 시즌에 따라 개인당 $11,000-$15,000 정도이며 매년 800명 정도만 등산 허가를 내줍니다. 허나 갈수록 수요가 급증해 등정 2-3년 전에 등산 신청을 해야 할 정도입니다. 그리고 28개의 봉우리 5,800m-6,600m 피크는 개인당 $250을 부과합니다.

2015년 4월 25일 규모 7.8 강진으로 9,000여 명이 사망하고 가옥과 건물 100만 채가 붕괴되었습니다. 지진의 여파로 카트만두 계곡의 파탄 광장, 박타푸르 광장, 바산타푸르 광장, 더르바르 광장, 보드나트의 불탑 유적들은 굵은 버팀목으로 받쳐져 있었습니다. 카트만두의 문화유산 절반 이상이 훼손되었습니다. 네팔에서는 75-80년 주기로 대지진이 있었습니다. 1934년에도 강도 8.1 지진이 발생하여 1만여 명이 사망하였습니다.

■ 지진의 여파로 버팀목으로 버티고 있는 네팔왕국의 유적들

■ 더르바르 광장, 카트만두 시내에 위치한 구왕궁 박물관

# 에베레스트 트렉의 출발점 루크라

카트만두 일정을 마치고 동부 네팔 루크라로 이동하였습니다. 루크라는 에베레스트 트렉의 출발점입니다. 카트만두를 이륙한 경비행기는 랑탕, 주갈 레인지 상공을 지나 깊은 계곡을 40여 분 비행하다 사뿐히 내려앉았습니다. 뿌연 먼지를 일으켰던 80년대의 비포장 활주로는 포장이 되었습니다. 활주로 길이가 480m 정도라 1980년대부터 2010년까지 67명의 사상자를 내어 세계적으로 알려진 위험한 비행장입니다.



루크라 비행장 주변은 기념품 가게와 음식점들이 많아 시장터 같았습니다. 80년대의 고즈넉한 산골마을 분위기는 사라지고 상업주의에 물들어 가고 있었습니다. 인심도 각박해져 바깥세상과 별나를 바 없었습니다. 각박해진 인심은 우리가 어떤 시대에 살고 있는지 실감나게 하였습니다. 인심이 언제부터 이렇게 되었는지 모르긴 하나, 아마도 네팔 왕권이 무너진 뒤부터가 아닌가 생각됩니다.

첫날은 루크라에서 포터 한 명을 대동하고 3-4시간을 걷다 팍딩 마을에서 배낭을 풀었습니다. 루크라에서 8km 거리입니다. 산길에는 고산지대의 수송 수단으로 조랑말, 쪽배(소), 야크, 머리지게 행렬을 자주 만

■ (왼쪽)에베레스트 트레일에서 만나는 조랑말 대열 (오른쪽)루크라–남체바자 구간의 두드코시강 출렁다리



납니다. 우리나라 지게는 양 어깨와 엉덩이의 힘으로 짐을 운반하는 반면, 네팔 사람들은 머리로 나릅니다. 지게는 과학적이고 창의적인 운반 기구이나 고산 지대에서는 머리 지게가 실용적입니다.

팍딩에서 남체바자(Namche Bazaar)는 11km 거리이며 5–6시간이 걸립니다. 트레일은 완만하게 오르다 깊은 계곡의 조사레 출렁다리를 건넙니다. 발이 다리에 닿자마자 출렁거려 '출렁다리'라고 합니다. 중심을 잡고 출렁거리는 음을 타고 걸어야 합니다. 그리고 트레일은 완만한 바위길 강변길로 연결되다 좌측의 보테코시강과 우측의 두드코시강이 만나는 높은 계곡을 연결한 출렁다리를 건넙니다. 80년대의 나무다리는 모두 쇠사슬 출렁다리로 바뀌었습니다. 출렁다리를 건너면 울창한 숲속 오르막길로 이어집니다. 고도가 높아지면서 숨이 차고 다리가 풀리는 길입니다. 루크라–남체바자 구간에서 가장 힘든 구간입니다. 트레일 중간에 에베레스트 전망대가 있으나 에베레스트의 머리자락이 보이는 곳입니다. 등반고도가 높아지며 고산병으로 구조 헬기에 의해 후송되는 사람도 있습니다. 말을 타고 쉽게 오르는 사람도 있으나, 시간당 $100 정도의 경비가 추가됩니다. 가파른 오솔길을 1시간 정도 힘겹게 오르면 검문소를 지나 에베레스트의 입구마을 남체바자입니다.

# 에베레스트의 전초기지 남체바자 3,440m

웅장한 설산과 더불어 살아가는 남체바자 사람들은 산과 비슷한 심장을 가지고 태어납니다. 높은 눈산으로 둘러 있는 이곳은 염소, 야크와 함께 살아가는 사람들이 살고 있습니다. 마을 곳곳의 담장에는 피자 크기의 야크 분비물을 볼 수 있는데, 땔감으로 사용됩니다. 대부분의 트레커들은 모든 것이 특별한 남체에서 하루 정도 고도 적응을 하며 휴식을 취합니다.



남체바자는 쿰부히말 순환 트레일의 출발점입니다. 남체에서 출발하여 렌조패스, 고교피크, 에베레스트 베이스캠프, 어느 루트로 떠나든 이곳으로 돌아옵니다. 숙소에서 25분 거리인 사가르마타 국립공원 박물관을 둘러보았습니다. 2014년에 준공한 힐러리 경과 텐징 셰르파를 기념하는 동상이 이채로웠습니다. 힐러리나 텐징의 모습이 아닌 복합형 기념 동상입니다. 하기야 그럴 만도 합니다. 누가 먼저 올랐는지를 두고 결론을 짓지 못하기 때문입니다.

높은 곳에 오르니 하늘도 넓습니다. 석양이 밤하늘을 붉게 물들였습니다. 산촌마을의 불빛과 석양의 빛이 어우러져 장관을 이루었습니다. 산

■ 에베레스트로 가는 길의 작은 마을 남체바자 서쪽 전경과 꽁데 6,186m

을 오르며 나 자신을 체험하며 내 마음의 중심도 찾는 산행입니다. 솔로 쿰부의 햇빛이 마음의 정원까지 파고드는 숙소에서 단출한 밤을 보냈습니다. 모든 것이 특별하게 느껴지는 산촌의 밤입니다.

1987년 처음 이곳을 찾았을 때는 네팔의 전통 문화를 피부로 느낄 수 있었던 곳이었으나 현재는 현대 문화로 희석돼 버렸습니다. 보잘것없었던 산촌마을에는 와이파이가 터집니다. 롯지 주인의 말에 의하면, 지구 온난화로 인하여 계절풍의 방향도 달라졌다며 안타까워하였습니다. 자

■ 남체바자 동쪽 전경과 탐세르쿠 6,608m

연도 세상도 변한 것을 실감하며 지난날의 추억을 회상하게 하였습니다.

이른 아침, 마을 서쪽 꽁데설산과 동쪽의 탐세르쿠설산을 바라보니 동화의 마을에 온 듯 마음도 상쾌합니다. 본격적으로 에베레스트를 오르는 길로 들어섰습니다. 주변은 온통 높은 산과 계곡 풍경입니다. 트레일 초입부터 광활한 산줄기와 거칠고 독특한 풍경이 쏟아집니다. 단순히 산을 오르는 길이 아닙니다. 매년 수많은 사람들이 이곳을 출발하여 에베레스트에서 삶의 꽃을 피운 트레일입니다. 쏟아지는 햇살도 다르고 하늘과 산

■ 사가르마타 국립공원의 에베레스트 초등 기념 동상

■ 남체바자 마을 위로는 고도가 높아져 당나귀 대신 야크로 이동수단이 달라짐

만 바라보며 걷는 길입니다. 숨이 막힐 듯한 자연의 기묘한 경관과 계곡의 빙하물과 같이 삶의 고독과 여유를 느끼며 걷는 길입니다. 에베레스트로 가는 길은 걸어 본 사람만이 느낄 수 있는 행복하고 달콤한 길입니다.

남체바자에서 솔로쿰부의 심장인 고교까지는 23km 정도로 3-4일이 걸리며, 에베레스트 베이스캠프까지는 28km로 4-5일이 걸립니다. 남체바자를 출발하면 고산 트레킹으로 이어집니다. 맑고 파란 하늘, 높고 높은 설산을 마주하고 걷노라면 장쾌한 꿈속을 걷는 느낌입니다. 트레일 우편으로 세계 3대 명산의 하나인 아마다브람, 정면으로는 눈이 시리도록 독특한 에베레스트 주변의 설봉, 희망과 젊음을 주는 자연 풍광입니다. 지구촌 백팩커에게 행복과 추억을 만들어 주는 트레일입니다. 삶의 축복을 받은 사람들만이 외로운 풍경 속으로 들어갈 수 있습니다. 이런 풍광에서는 꼭꼭 닫혔던 마음도 열릴 수밖에 없습니다.



남체를 출발하여 1시간 20여 분 거리에 위치한 캉주마 3,550m 마을에 도착하였습니다. 에베레스트, 로체, 계곡 건너로 아마다브람 명산이 코앞에 보이는 곳입니다. 남체바자를 떠나 첫 번째 만나는 휴식처로 커피, 티, 음식을 주문할 수 있는 아마다브람 롯지가 있습니다. 이곳 사람들은 농사가 불가능하여 야크를 기르며 혹독한 자연 속에서 단순하게 살아갑니다.

캉주마 롯지를 지나면 트레일이 두 갈래로 갈라집니다. 좌편 트레일은 고교로 북상하여 에베레스트로 가는 루트이며, 우편 트레일은 에베레스트 직행 루트입니다. 이곳을 지나면 되돌아오는 사람도 있으나 영원히

■ 남체바자를 출발하여 에베레스트 트레일 초입에서 본 전경, 좌편의 높은 산이 에베레스트

■ 캉주마 휴식처, 좌편 노란 선은 고교 루트며 우측 빨간 선은 에베레스트 루트, 중앙의 높은 산이 에베레스트

돌아오지 못하는 사람도 있습니다. 운명의 여신에게 모든 것을 맡기고 떠나는 길입니다. 나와 같이 걸었던 트레커는 꿈을 향해 나가는 트레일이라 하였습니다. 어떤 숙명을 맞이하게 되든 운명에 맡기고 떠나는 길입니다. 트레일은 이전보다 폭도 넓어져 낯선 길같이 느껴졌습니다.

캉주마 휴식처를 출발하여 2시간 정도 계곡 중턱으로 이어지는 고교 루트 트레일은 아마다브람, 포르체텡가의 거대한 빙산이 솟구쳐 보이는 곳입니다. 동쪽 계곡 건너로 이어지는 에베레스트 루트는 급경사로 힘든 구간입니다. 에베레스트 직행 루트에 비해 고교 루트는 조금은 완만합니다. 계곡 아래로 지나가는 구조 헬기도 힘겨운지 로터에서 내뿜는 음도 힘겹게 들립니다. 높은 계곡으로 오르는 트레일은 땀방울이 맺히고 숨이 찹니다. 남체바자를 출발하여 힘들게 몽라 마을에 도착하였습니다. 남체에서 5km, 4시간 거리입니다. 몽라에는 롯지 4개가 있으나 6개월 전 지진으로 2곳은 영업이 정지되었습니다. 몽라마을 건너편으로 세계 3대 명산의 하나인 아마다브람이 코앞 가까이에 보입니다.

대부분의 트레커들은 이곳에서 1시간 정도 내려가 고도가 낮은 포르체텡가 3,680m에서 배낭을 풉니다. 내리막길이지만 힘을 다 빼놓는 트레일입니다. 깊은 두드코시강 계곡에 포르체텡가 롯지가 있습니다. 남체바자에서 6km 거리이며 5시간 정도가 걸립니다.

포르체텡가에서 마체르모까지는 10km, 5시간 거리이며 중간에 돌레 마을을 지나갑니다. 돌레마을로 이어지는 가파른 숲길에 검문소를 통과합니다. 돌집 검문소는 6개월 전 지진으로 허물어졌으며 대원들은 철수

■ 남체 동측으로 보이는 탐세르쿠 6,608m 주변 전경

하였습니다. 산간시역 검문소는 관광객의 입산허가와 마오이스트를 감시하는 초소입니다. 네팔의 마오이스트란 네팔통일공산당을 의미합니다. 일정한 거처 없이 중앙정부의 손이 미치지 못한 지역을 옮겨 다니며 민중을 괴롭히는 집단입니다. 한국전쟁 당시 빨치산 빨갱이들과 같은 존재입니다. 한국은 대대적인 토벌작전을 펼쳐 소탕하였지만 네팔은 그렇게 하지 못했습니다.

마지막 왕정 시절, 미국의 도움으로 소탕작전을 시도하였지만 결과가

■ 캉주마를 지나 고교 트레일 헤드에서 본 따우제 6,542m와 몽라마을 4,080m

좋지 못했습니다. 마오이스트는 치고 빠지는 게릴라 전법으로 고산지역 마을들을 장악하였습니다. 그들에 비협조적인 사람은 인민재판으로 처형되었습니다. 1980년대 네팔의 산간지역을 여행할 땐 김일성의 공산당 서적이 네팔어로 번역되어 대중들의 호응을 받기도 했습니다. 그것이 불씨가 되어 1994년에는 네팔통일공산당이 창당되었으며, 2006년에는 마오쩌둥의 이념 추종으로 네팔왕실을 종식시켰습니다. 또한 제헌 선거에서 네팔 제1여당이 되어 공산당 총리가 탄생하였습니다. 마오이스트를

■ 세계 3대 명산의 하나인 아마다브람 6,856m 남서면

이해하려면 네팔왕정, 힌두교의 카스트 제도, 권력층과 하층계급을 이해해야 합니다. 그들의 지지층은 하층계급과 농민들로 기득권 세상을 뒤집어 보겠다는 사상을 지녔습니다.

검문소를 지나 지그재그 오르막 숲길이 끝나는 지점에 올라서니 멀찌감치 티베트와 네팔 국경에 위치한 세계 6위 초유가 얼굴을 내밉니다. 내리막길 마을 입구에 반영구적으로 지어 놓은 야영장에 눈길이 끌렸습니다. 내부는 일반 텐트보다 공간이 넓으며 저렴한 가격으로 대여할 수 있습니다. 돌레와 마체르모는 굴곡진 산줄기와 개울 주변으로 마을이 형성되었습니다. 그들은 유유히 흐르는 계곡물처럼 자유로운 삶과 여유를 배우며 살아가는 사람들 같습니다. 마체르모의 돌담장 "에티 롯지"에서 배낭을 내려놓았습니다. 롯지 주인은 한국에 대해서 많은 것을 알고 있었는데, 알고 보니 그분의 딸 펨바가 한국인과 결혼을 하였답니다.

오늘은 마체르모에서 계곡을 따라 7km 북방 고교로 이동합니다. 매일 5시간 정도씩 고도적응을 하며 이동하는 일정입니다. 마체르모에서 고교로 가는 길에는 두 갈래 길이 있습니다. 마을 동쪽 계곡을 따라가는 완만한 길과 마을 뒤 지그재그 오르막길로 들어가는 것입니다. 두 갈래 길은 1시간 정도 거리에서 만납니다. 완만한 동쪽 계곡길은 가축을 이동시키는 길이고 마을 뒤 비탈길은 트레커들이 사용하는 지름길입니다. 이 구간은 초목이 없고 벌거벗은 지세를 지닌 곳입니다.

■ 돌레와 마체르모 4,470m 마을에서 본 북방 전경

■ 제2호수에서 본 고교마을과 초유 전경

# 고교피크 전망대 5,830m

남체바자에서 3일 거리인 고교 제3호수 앞에 자리 잡은 고교마을에는 10여 개의 아담한 롯지가 있습니다. 극도의 의지 없이는 살 수 없는 곳입니다. 마을에서 가장 높은 곳에 위치한 고교 리조트에 배낭을 풀었습니다. 1991년생 고교 리조트는 태양열로 충전한 솔라 전기등에, 와이파이도 터지고, 따뜻한 다이닝 홀, 더블침대, 음식점과 변소도 다른 롯지에 비해 깨끗합니다. 매일 먹는 '달밧', '타카리', '속티와' 이외에는 먹을 만한 음식도 없습니다. '달'은 녹두수프이며 '밧'은 쌀밥입니다. 쌀밥 위에 녹두수프를 덮은 음식입니다. 타카리는 커리와 같이 나오는데, 인도의 거친 향이 속을 뒤집습니다. 속티와는 야채와 토마토를 재료로 밥에 섞어 먹는 음식입니다. 롯지의 다이닝 홀 중앙에 위치한 난로의 연료는 야크 분비물을 말린 것인데 화력도 좋습니다. 고교 리조트는 입소문을 타서인지 벅적거렸습니다.

고교 리조트 주인과 이야기를 나누다 초면인 나를 그가 알아보았습니다. 혹시 "신 구루" 아니냐고 조심스럽게 말을 걸었습니다. 네팔말로 "메로차", '그렇다'고 하였더니 만나서 영광이라며 서비스가 달라졌습니다.

■ 제3호수에 무명의 산이 투영된 그림 같은 경관

■ 고교마을에서 출발하는 고교피크 트레일 헤드

알고 보니 80년대 유망선수로 키웠던 선수의 동생인 카미 샤르마였습니다. 필자가 가정방문을 하며 선수 가족들과 대화를 자주 하였는데, 그가 나를 알아본 것입니다. 그는 고교 주변의 지형과 트레일을 자세히 설명해 주었습니다. 달콤했던 카트만두의 추억들이 감미롭게 느껴졌던 밤이었습니다.

남체바자를 떠난 후 먹고 싶은 음식이 없어졌습니다. 무엇인가 먹어야 하지만 입맛이 전혀 없습니다. 오늘 아침은 달밧에 달걀 두 개입니다. 그것마저 목으로 넘어가지 않아 억지로 삼켰습니다. 고산병이 오고 있다는 신호입니다. 고산병 증세는 가벼운 두통으로 시작합니다. 속이 메슥거리고 식욕과 힘이 없어지며 수면장애가 옵니다. 이런 증세가 보이면 하산하는 것이 최선책입니다. 심해지면 머리가 깨질 듯 아프고 구토증이 나며 술 취한 사람처럼 걸음이 흐느적거립니다.



에베레스트 트레킹 구간에서는 매일 헬기 4-5대를 볼 수 있습니다. 루크라와 남체바자에 헬기장이 있으나 남체바자에 파견된 군인들이 사고 지점까지 오는 시간과 헬기장으로 옮기는 시간이 늦어질 수밖에 없습니다. 헬기가 한 번 뜨면 $3,000 정도의 비용이 듭니다. 고산병을 미연에 방지하기 위해서는 물을 되도록 많이 마셔 피의 흐름을 원활하게 해 주어야 합니다. 땀을 흘리면 수분이 빠져나가면서 혈액이 짙어집니다. 목 마르기 전에 수시로 물을 마시는 것이 좋습니다. 고산병이 무서운 것은 뇌에 산소 부족을 일으켜 치명적인 상처를 입히기 때문입니다. 고산 트레킹 기간에는 알콜과 기름진 고기 등 과식은 금물입니다. 산소로 음식을 태우기 때문에 산소가 부족해져 고산병을 유발시킵니다. 간식을 먹으며 몸을 따뜻하게 관리하는 것이 최선입니다. 특히 머리와 뒷목 부위를 따뜻하게 해 주어야 합니다. 잠을 잘 때도 보온 모자를 쓰고 머리와 발은 되도록 씻지 않는 것이 좋습니다.

별식으로 가져간 미숫가루와 미역이 섞인 된장국도 내키지 않습니다. 먹는 것이 부실하니 체력도 많이 떨어졌습니다. 연한 커피와 견과류를 이동식으로 챙기고 숙소를 떠났습니다. 첫 번째 목적지인 고교피크로 향합니다. 고교롯지 4,790m에서 고교피크 5,830m까지는 약 3km, 왕복 4시간 거리입니다.

고교마을 앞 제3호수 징검다리를 건너뛰어 가파른 킥백 트레일로 힘차게 발걸음을 옮겼습니다. 한 시간 정도 힘겹게 올라가다 뒤를 돌아보니 제3호숫가에 10여 채의 파란색 지붕들이 호수물과 어울려 평화로워 보였습니다. 고교 리조트에서 만났던 낯익은 트레커들이 앞지르며 눈인사를 하였습니다. 그들도 힘겹게 오르기는 마찬가지입니다. 힘이 빠지니 카메라 장비 무게로 몸의 균형도 어긋납니다. 앞서 가는 포터는 트레일 초반부터 황소같이 걸었고, 나는 거북이 걸음으로 가는 듯 마는 듯 느리게 걸었습니다.

드디어 고교피크입니다. 사방이 막힘 없는 황막한 돌무덤 전망대입니다. 돌무덤과 돌무덤을 연결한 오색깃발, 자신의 돌탑을 만드는 사람, 사진을 담는 사람, 느긋하게 휴식을 취하는 사람, 모두들 분주합니다. 오스트레일리아에서 왔다는 젊은 남녀는 그들만의 돌탑을 만드는데, 두

■ 고교피크에서는 4개의 8,000m급 봉우리를 볼 수 있다. 에베레스트 8,848m, 로체 8,516m, 마칼루 8,485m, 초유 8,188m.

■ 고교피크 트레일에서 본 에베레스트 주변 전경

■ 고교피크에서 본 동남면 전경. 구름 위로 솟은 촐라체, 따우체

고두고 기념이 될 거라며 기뻐하였습니다. 나도 그들이 만드는 돌탑 위에 돌을 올려놓았습니다. 그들은 에베레스트를 직접 보는 게 꿈이었다 하였습니다. 그들의 얼굴 표정은 진지하였으며 눈에서는 주변 풍경을 하나도 빼놓지 않겠다는 듯 강인한 눈빛이 반짝였습니다. 꽉 다물어진 입, 이빨을 깨물 듯 두툼한 입술, 부릅뜬 눈, 마치 격투장에 나가는 투사 같았습니다. 우리는 고교 전망대를 "영광의 전망대"라고 이름 지었습니다.

고교피크는 에베레스트 4대 전망대 중 하나이며 고교에서 가장 많은

■ 고교피크 트레일에서 본 고교마을, 3호수, 2호수 전경

트레커들이 즐겨 찾는 전망대입니다. 세상에 이만한 원시적인 풍광이 또 어디 있을까! 트레커들은 하나같이 젊은 눈빛을 가졌습니다. 트레커 중에 나이가 들어 보이는 사람과 인사를 나누었습니다. 그분은 스위스 쯔릭(취리히)에서 왔다며 금년이 82세랍니다. 믿기지가 않아 다시 물어보았습니다. 어려서부터 산행이 취미였다며 대부분의 알프스 고산을 등정하였답니다. 젊었을 때는 치과의사로 일했고 14년 전에 은퇴하였답니다. 당신이 세상에서 제일 건강한 사람이라고 하였더니 환한 웃음을 터트렸

습니다. 나도 저분의 나이에 이곳에 다시 올 수 있을까 하는 의구심이 들면서 도전의 의지도 함께 솟구쳤습니다.

고교피크에서 동쪽으로 약 20km 거리에 보이는 에베레스트에는 특별한 신비로움이 감춰져 있습니다. 세계의 정상에서 뿜어내는 자연의 향기에 한동안 고된 산행을 잊었습니다. 고교피크 주변은 세월의 풍파를 견딘 흔적들로 가득하였습니다. 한 시간 정도 에베레스트의 부드러운 햇빛을 받고 고교피크 주변을 맴돌다 지구촌 트레커들과 어울려 아름다운 눈빛으로 내려왔습니다. 눈과 마음을 감동시키는 트레일이었습니다.

## 제5호수 전망대 4,990m

히말라야의 풍경 사진은 두 발로 걷고 걸어서 찍을 수밖에 없습니다. 목숨걸고 높은 산에 올라야 한다는 말입니다. 이른 새벽 가이드와 포터, 그리고 랜턴 불빛에 의지해 초유 트레일로 들어섰습니다. 오늘의 목적지는 고교 4,790m에서 제4호수 4,870m를 지나 제5호수 4,990m 전망대로, 그곳에서 야영을 하려 합니다. 고교에서 초유 베이스캠프의 왕복 거리는 10시간 정도가 소요됩니다. 하루 일정으로는 벅찹니다. 6시간을 오르고 4시간 정도 내려오는 거리입니다. 간밤에 눈이 내려 트레일이 보이지 않아 가이드 없이는 한 발자국도 옮길 수가 없었습니다. 트레일 도중 흔들리는 돌을 밟고 중심을 잃기도 하였습니다. 트레일은 대체로 완만하나 돌길을 30여 분 걸으니 먼동이 텄습니다. 스파이크를 착용하였으나 흔들리는 돌에서는 무용지물입니다. 앞서 가는 포터나 가이드도 길을 찾지 못해 헤매었습니다.

고교 롯지를 출발한 지 1시간 30분 정도가 지나서야 제4호수인 도낙초에 당도했습니다. 호수 서쪽은 높은 산으로 가렸고, 북방은 세계 6위 초유 8,201m 설산이 코앞에 보입니다. 고교마을을 출발해서 제4호수까지

■ (왼쪽)고교에서 초유 베이스캠프로 가는 트레일 헤드 (오른쪽)고교 주변에서 가장 큰 도낙초 호수(제4호수) 호수 전경

의 트레일은 텅 빈 채석장과 흡사하였습니다. 우와! 호수물은 천사의 숨결이 담긴 듯 짙푸르고 투명하였습니다. 제4호수 도낙초는 고교 주변에서는 제일 큰 호수입니다.

4호수를 떠나 20여 분 돌길 오르막 언덕을 오르니 트레일은 계곡으로 이어졌습니다. 도중에 4명의 트레커들이 내려왔습니다. 거친 호흡을 참으며 말을 걸었더니 그들 중 한 명이 "게준트하이트(Gesundheit)"라고 인사를 건넵니다. "안녕하세요"라는 독일 인사말입니다. 반가워 한동안 진한 대화를 하였습니다. 험난한 산길에서 낯선 사람들과의 만남은 나에겐 매력적이며 가슴을 부풀게 합니다. 그들은 어젯밤 제5호수에 텐트를 치고 이른 아침 에베레스트 전경을 추억에 담았다고 자랑스럽게 말했습니다. 밤하늘은 빛났고 그리운 것들은 하늘에서 온다는 것을 5호수에서 느꼈답니다. 일행 중 한 명은 에베레스트와 초유 중간에서 가장 높은 가충강 7,952m의 아름다움을 설명해 주었습니다.

■ 제4호수에서 제5호수 방향으로 본 전경. 파라노믹한 세계 6위 초유를 바라보며 걷는 트레일

■ 초유 트레일 5호수 입구에서 본 호수 북면 전경

제4호수에서 제5호수로 가는 트레일은 고줌바 빙하 능선의 골짜기를 타고 오릅니다. 온몸이 휘지며 후들거리는 다리로 1시간 정도 숨가쁘게 발을 옮겼습니다. 앞서가던 가이드가 앞쪽 능선을 가리키며 저 언덕만 넘으면 제 5호수라고 합니다. 그런데 마지막 50m 정도가 줄어들지 않아 힘겨웠습니다. 마지막 언덕길은 한 걸음 옮기는 것도 벅찼습니다. 고산의 날씨는 변덕이 심해 맑았던 하늘도 흐리기 시작하였습니다. 수시로 맑은 하늘이 보일 땐 기분도 맑아져 체력도 되살아났습니다.

제5호수 언저리에는 큰 바위 하나가 버티고 있는데, 호수 초입에서 큰 바위까지는 15분 정도 걸립니다. 큰 바위에 오르면 호수와 에베레스트를 담을 수 있다기에 바위로 올라가는 계단을 찾아보았습니다. 그러나 6개월 전 지진으로 돌계단이 무너져 올라갈 수가 없었습니다. 호수물은 맑고도 차가웠습니다. 뒤돌아 올라와 고줌바 빙하언덕 위의 돌길 전망대로 20여 분 이동하는 트레일은 흔들리는 돌이 많아 중심을 잃기도 했습니다.

제5호수 에베레스트 전망대는 고교피크보다 고도가 390m정도 낮습니다. 전망대 건너 계곡으로 이어지는 가우나라 빙하 상부로 에베레스트 풍광이 펼쳐집니다. 고줌바 빙하 우편으로 피라미드 형태의 촐로피크, 캉충피크, 니레카피크 줄기를 따라 20km 거리에 에베레스트가 보입니다. 고교마을보다 하늘이 더 가까워 보이는 곳입니다.

고교피크에서 에베레스트의 장엄함을 볼 수 있다면 5호수에서는 에베레스트 북서면의 속살을 볼 수 있습니다. 고교피크에서는 눈높이로 보였던 에베레스트가 이곳에서는 고줌바 빙하를 끼고 위로 쳐다보입니다. 이곳에서 길을 잃으면 영원히 빠져나가지 못할 것 같은 느낌마저 들었습니다. 한동안 에베레스트 북서면의 감미로운 풍경에 눈길을 뗄 수가 없었습니다.

위대한 자연!

아름다운 세상!

고줌바 빙하의 찬바람, 희박한 공기 냄새, 신비로운 향기를 느끼며 한동안 바라만 보았습니다. 큰 돌과 바위만 널려 있는 전망대에서 세계의 지붕을 바라만 보아도 행복하였습니다. 이곳이 마치 지구촌의 끝이나 세상 밖 같다는 기분이 엄습하였습니다. 세계의 지붕 아래로 펼쳐지는 빙하계곡과 피라미드 설산들로 인해 신비함을 더해 주었습니다. 지구촌 트레커라면 누구나 가 봐야 할 코스지만, 날씨가 좋지 않으면 볼 수 없는 안타까움이 있는 곳입니다. 밤새 마음속으로 기도를 하였다는 포터의 격려의 말이 마음을 울렸습니다. 누구나 이곳에 서면 절로 탄성이 나옵니다. 신이 지구에 준 보물 같은 선물임에 틀림없습니다.

내가 이렇게 고요한 곳에 올라와 있다는 것이 믿기지 않았습니다. 편히 먹고 자고서는 올 수 없는 곳입니다. 방랑하는 나그네가 된 기분이었습니다. 살며시 스며드는 솔로쿰부의 밤은 적막하였습니다. 히말라야의 거친 기후를 체험하며 직접 피부로 느끼는 밤입니다. 탠트 안은 침울과 행복한 마음이 번갈아 채워졌습니다. 차츰 시간이 지나면서 두려움이 없어지자 자연의 소리가 텐트 속을 파고들었습니다. 적막 속에서 가슴에 울려 퍼지는 소리도 들렸습니다. 청명한 자연 소리에 머릿속이 정화되는

■ 제5호수 전망대에서 본 에베레스트 전경

■ 이른 아침 안깨 낀 촐로피크, 캉충피크, 니레카 피크(에베레스트 방향)

느낌이었습니다. 낮은 마음이 내 마음의 동산에서 울렸습니다.

고교롯지를 떠날 때 조금은 불안했던 마음이 행복한 생각들로 바뀌었습니다. 입김에서 나오는 수증기는 침낭 주변을 하얗게 물들였습니다. 적막한 고요 속에서 텐트 밖으로 얼굴을 내밀었더니 반짝이는 별들이 마치 꼬마전구처럼 빛났습니다. 밤하늘의 별들은 다정한 시선을 보내 주었으며 하늘에 보이는 것은 다 좋았습니다. 텐트 밖은 혹독하게 추웠으나 침낭 속은 견딜 만하였습니다. 지나가는 바람은 텐트를 깨웠고 호수 물

■ 제5호수를 지나 초유 트레일에서 뒤돌아 본 전경(고쿄에서 제5호수까지의 트레일 약도)

곁은 소곤거렸습니다. 세상의 시간이 아닌 자연의 시간 속에서 보낸 밤, 솔로쿰부의 밤은 삶의 비밀을 귀띔해 주었습니다. 꽉 막힌 도시에서는 맛볼 수 없는 신비함을 느끼게 하였습니다. 4,990m의 야영지에서 밤을 지새우며 느껴 보지 않고서는 알 수 없는 묘한 느낌이었습니다. 한동안은 무섭고 외로웠지만 이내 행복한 시간들이 엄습하였습니다.

이른 아침 텐트를 나왔더니 세상이 새롭게 느껴졌습니다. 포터와 가이드가 텐트 안에서 인사말을 건네 왔습니다. "구루, 틱차" 밤새 별일 없었

■ 초유 트레일 상단에서 본 제6호수 건너로 보이는 초유 8,201m, 가충강 7,952 m 사이의 전경

■ 초유 트레일 상단에서 본 쿰부히말 전경

강초
6,058m
에베레스트
8,848m
눞체
7,861M
마카루
8,481m
촐라패스
제5호수

냐는 말입니다. 솜이불 수준의 침낭으로 강추위 속에서 한 야영은 그들에게도 추운 밤이었을 것입니다. 먼동이 트자, 솔로쿰부의 감미로운 풍경이 펼쳐졌습니다. 에베레스트의 정기를 온몸에 받았습니다. 신비로운 자연 속에 잔잔한 기쁨이 밀려왔습니다. 산을 오르지 않고서는 경험할 수 없는 느낌을 받았습니다. 세계의 지붕에서 내뿜는 맑은 정기가 내 영혼과 육체로 스며들었습니다. 순간적으로 내 정신 세계를 확장시켜 주었습니다. 강한 의지와 인내력이 마음의 동산으로 파고들었습니다. 지금과 같은 마음으로 세상을 살아간다면 못할 일이 없을 것 같습니다. 인내란 돈으로 살 수도 없으며 자기 자신이 만들어 가는 것임을 스스로 깨닫게 합니다.

텐트 안에서 따뜻한 야채 수프로 속을 편하게 하였습니다. 오늘은 어떤 풍경을 담을 수 있을까! 설레는 마음을 안고 초유 베이스캠프로 이동하였습니다. 가이드를 따라 완만한 고줌바 빙하를 끼고 걷는 트레일입니다. 초유 주변의 파노라믹 설경에 유혹되어 한 발 한 발 깊숙히 빠져들어 갔습니다. 우리는 바위돌이 돌출한 빙하계곡 능선을 1시간 정도 오르다 사방이 활짝 트인 곳에서 쉬었습니다. 뒤돌아보니 하루 전에 올라왔던 트레일이 한눈에 내려다보였습니다. 제5호수, 고줌바 빙하, 제4호수, 고교피크, 고교마을, 그리고 고교마을 아래로 구름이 솜털처럼 피었습니다.

제5호수 야영지를 출발하여 2시간 정도 능선을 힘겹게 올랐습니다. 초유 베이스캠프, 제6호수, 에베레스트 주변의 하얀 산줄기들이 한눈에 들어왔습니다. 세상에 이만한 전망대가 또 어디 있을까! 에베레스트 주변과 솔로쿰부 전역이 펼쳐졌습니다. 호수, 빙하계곡, 8,000m의 설봉들! 힘들게 올랐던 고통이 순식간에 행복한 마음으로 채워졌습니다. 가파른 숨결을 고르며 시간 가는 줄도 모르고 한동안 바라만 보았습니다. 히말라야의 아름다움을 한없이 보고 또 보았습니다.

올라올 때는 환상적인 풍경을 상상하며 힘들게 참으며 올라왔습니다. 허나 내려올 때는 따뜻한 롯지와 음식을 생각하니 옮기는 발걸음이 한순간이었습니다. 고교 리조트의 밤은 레스토랑에서 시작됩니다. 대부분의 트레커들은 EBC(에베레스트 베이스캠프)를 갔다 촐라패스를 넘어온 산악인들과 EBC를 가기 위해 촐라패스를 넘을 산악인들입니다. 그들의 표정은 편안해 보였으며 눈빛에는 열정이 녹아 있었습니다.

# 렌조패스 전망대 5,330m

3번째 목적지인 5,330m 렌조패스로 이동합니다. 고교롯지에서 4.5km 거리이며 왕복 4-5시간이 걸립니다. 고교마을 4,790m에서 3호수 개울을 건너뛰어 고교피크로 오르는 능선에서 좌측 트레일로 연결됩니다. 그리고 한동안 완만한 호수 능선을 돌아가면 오르막 트레일로 접어듭니다. 고교롯지를 떠나 2km 정도 거리입니다. 발 아래로 보이는 제3호수물이 파랗게 물든 가운데, 가파른 트레일은 바위 부스러기로 발길이 밀려 내립니다. 앞꿈치로 발이 미끄러지지 않게 지탱하며 걷다 보니 종아리에 통증이 왔습니다. 지난 몇 달간 무릎 관절운동, 복근운동, 종아리운동 등으로 몸을 다스렸지만 고산증으로 몸이 앙살을 부립니다. 포기하고 싶었지만 죽을 때까지 후회할 것 같았습니다. 그리고 전망대에서 내려오는 트레커가 렌조패스는 죽기 전에 꼭 가봐야 할 곳이라며 인내를 붙들어 주었습니다. 그 말 한마디에 나도 모르게 에너지가 충전되었습니다. 전망대에 가까이 이르니 천혜의 솔로쿰부 바람이 머릿속까지 맑게 해 주었습니다.

여기는 렌조패스 전망대!

■ 렌조패스 정상에서 본 동남 전경(좌측 끝이 에베레스트)

■ 렌조패스 정상에서 본 동쪽 전경

매혹적인 에베레스드 주변의 전경이 눈을 부릅뜨게 하였습니다. 매년 수많은 트레커들이 이곳에 올라 멋진 사진을 건져가는 전망대입니다. 발아래로 제3호수, 고교마을, 그 뒷편으로 촐라체와 수많은 기암기봉이 첩첩이 펼쳐졌습니다. 그 풍광은 수려하기만 하였습니다. 정상에서 보는 360도 파노라마는 감동의 물결을 자아내게 하였습니다. 보는 각도에 따라 달라지는 히말라야 풍경을 눈과 사진기에 담았습니다. 오르는 트레일은 험난하였지만 전망대 풍경은 사람들의 혼을 빼놓을 만큼 매혹적이었습니다.

마지막 목적지인 칼라파타르로 향합니다. 고교에서 칼라파타르로 가는 촐라패스 트레일은 낙석으로 위험합니다. 고교에서 4km, 2-3시간 거리인 당락에서 몸을 다스리고 다음날 8-9시간의 고된 행군을 하는 트레일입니다. 당락 4,700m에서 촐라패스 5,420m를 넘어 종라 4,835m로 가는 7km 트레일은 하늘을 보고 걷습니다. 지난 며칠간 고소적응이 힘들어 한 걸음 한 걸음이 무겁습니다. 꽉 찬 나이로 촐라패스를 넘어갈 수 있을지 걱정도 되었습니다.

가파른 촐라패스 트레일은 숨을 쉬는 것도 어려웠습니다. 오르막에서는 네 발로 기어 올랐습니다. 올라갈수록 길은 점점 더 가팔라졌습니다. 발걸음이 뒤로 밀리고, 미끄러운 눈길 고갯길은 아이젠으로, 경사진 내리막 빙판 길은 스틱으로 버티는 길입니다. 고갯길 정상이 보이는 곳에서는 한 발 내딛고 쉬고…. 이렇게 하길 한 시간을 보냈습니다. 정상이 가까운 눈길을 지나 마지막 힘을 다해 삐걱거리는 몸을 끌고 한 발 한 발 옮겼습니다. 당락에서 같이 떠났던 트레커들은 대부분 나를 추월하였습니다. 허나 나 외에도 후미에 걸어오는 사람이 있어 위로가 되었습니다. 어깨를 짓누르는 백팩, 삐걱거리는 발, 오기로 오릅니다. 오르고 또 올라도 끝이 없습니다. 앞에 보이는 언덕을 올랐다 싶으면 그 위에서 다시 아래로 내려갔다 오릅니다. 잘못 들어선 길 같고 영원히 오르는 길 같습니다.

촐라패스에 오르니 안도감과 기쁨이 밀려왔습니다. 행복한 마음으로 뷰파인더에 정상 풍경을 담았습니다. 시야에 들어오는 것은 다 담고 싶

■ 세상에서 제일 험한 고갯길 촐라패스 5,420m

■ 촐라패스 트레일 정상 주변 만년설

■ 촐라패스 정상에서 본 서쪽 전경

■ 촐라패스 정상에서 본 동쪽 전경. 좌편 중앙이 아마다블람.

었습니다. 동쪽 계곡 아래 먼발치에 에베레스트 직통 트레일과 세계 3대 명산 중의 하나인 아마다블람, 서쪽 계곡 밑으로 고교 트레일이 까마득하게 내려다보입니다.

이제는 내리막 트레일입니다. 트레일 중간중간 빙하가 돌출하여 사고가 많은 구간입니다. 종라롯지를 출발하여 6시간 30분이 걸려 촐라패스에 올랐고, 2시간 30분이 걸려 종라롯지 Hotel Zongla Inn에 도착하였습니다. 종라롯지는 관광철에만 오픈하는 곳입니다. 대부분의 포터들은 당락을 떠나 촐라패스를 5시간에 오르나 트레커들은 대부분 6-7시간이 걸립니다. 그리고 2시간을 내려가면 종라롯지에 도착합니다.

배낭을 내려놓으니 무거운 지게 짐을 내려놓은 듯 몸과 마음이 가벼워졌습니다. 고소 관계로 제대로 먹지 못하고 마시지도 못한 행군이었지만, 롯지에 도착하여 한동안 쉬고 나니 활력이 치솟고 기분도 좋아졌습니다. 저녁 식사 중 거친 기침이 나왔습니다. 그때 식당 구석에서 "갓 블레스 유(God Bless You)" 하며 말을 거는 사람이 있었습니다. 플로리다에서 왔다는 그는 미국인으로, 칼라파타르 전망대와 EBC트렉을 마치고 고교로 가는 길이라고 합니다. 그는 건강을 위해 매년 트레킹을 다닌다며 에베레스트 트렉은 두 번째라고 하였습니다. 필자 역시 36년만에 다시 찾은 에베레스트라 한동안 산행 이야기로 꽃을 피웠습니다.

깊은 잠에서 잠시 깨어나니 창문을 맴도는 바람 소리가 귓가를 때렸습니다. 히말라야 산이 주는 향기입니다. 힘들었던 시간은 잊히고 새로운 기쁨이 차올랐습니다. 촐라패스! 힘들었지만 해내었구나! 머릿속으로 행복한 마음이 스며들었습니다. 내 마음의 귀에서 경이로운 자연의 소리도 들렸습니다. 우리의 삶에서 고생하며 이룬 것은 삶의 에너지가 되어 줍니다. 힘든 산행은 의지를 키워 줍니다.

어젯밤 식당에서 만났던 중년의 일본인을 아침에 다시 만났습니다. 그리고 떠날 때는 합장을 하고 안전한 여행길이 되기를 바란다며 눈인사를 하였습니다. 일본인들의 속은 잘 알 수는 없지만 공손하고 겸손하다는 느낌을 받습니다. 1976년 해외 출장길에 일본을 처음 방문한 적이 있습니다. 당시 하꼬네를 여행하며 많은 감동을 받았습니다. 일본 사람들은 어디를 가도 친절하였습니다. 70년대 일본은 선진국 대열에 끼였으나 우리는 개발 도상국이란 이름이 붙었던 시기였습니다. 80년대 필자가 네팔 체육회 코치로 재임할 때 일본인 유도 코치와 중국인 축구 코치가 있었습니다. 우리들 사이에는 가까워질 수 없는 선이 있었으나 목적이 같아 서로 의지하며 친한 친구가 되었습니다. 국가 사이에는 여전히 해결하지 못하는 많은 문제들이 있지만 서로를 질타해서는 안 된다고 생각합니다.

오늘도 아름다운 에베레스트의 자연을 감상하며 몸으로 스며드는 향기를 맛봅니다. 종라 롯지에서 로부체까지는 6km, 3시간 거리입니다. 로부체에서 고락셉으로 이동하는 트레일은 칼라파타르의 주봉인 푸모리 정상과 주변의 원시적인 쿰부 빙하를 볼 수 있는 곳입니다. 종라에서 고락셉 롯지까지는 10km, 5시간 정도 거리이며 로부체에서 고락셉까지는 4km, 2시간 거리입니다.

■ 로부체에서 고락셉으로 이동하는 트레일 전경

■ 에베레스트 트레일에서 가장 높은 곳에 위치한 고락셉 롯지

# 칼라파타르 전망대 5,545m

에베레스트 트레킹에서 가장 높은 곳에 위치한 고락셉 5,140m 롯지에 배낭을 풀었습니다. 대부분의 트레커들은 에베레스트를 근거리에서 볼 수 있는 고락셉 롯지에서 몸을 다스립니다. 그리고 다음 날 푸모리산 줄기의 칼라파타르 5,545m로 오릅니다. 왕복 4시간 거리입니다.

칼라파타르 전망대로 오르는 길에는 2가지 길이 있으나 정상에서 서로 만납니다. 대부분의 트레커들은 좌측 트레일로 올라가 우측 트레일로 내려옵니다. 트레일 구간에는 우기 때 물이 흘러 트레일이 소실된 곳도 있습니다. 5,545m의 높이에서는 몇 걸음만 옮겨도 피로합니다. 보통 사람의 걸음으로 2시간~2시간 30분이면 칼라파타르 전망대에 오릅니다. 고락셉 트레일 초입에서 30여 분 오르면 쿰부 빙하계곡, 아마다블람, 마카루 산군이 남방으로 내려다보입니다. 영하 30도에 가까운 강추위에 카메라도 앙살을 부리는 곳입니다. 칼라파타르 전망대는 기특한 풍광과 아싸한 만족감을 누릴 수 있는 곳입니다. 붉게 물든 에베레스트 정상을 바라보노라면 세상에 바랄 것이 아무것도 없다는 생각이 듭니다. 세상이 다른 각도에서 보이는 곳입니다.

■ 칼라파타르 전망대 트레일 헤드

■ 첩첩이 이어진 산줄기로 채워진 칼라파타르 남쪽 전경

■ 칼라파타르에서 본 북쪽 전경

칼라파타르 정상은 누구나 두 발로 걸어서 올라야 하며 행복한 순간을 만날 수 있는 곳입니다. 이른 새벽 높은 곳으로 올라가 세계의 지붕 경치를 즐기려고 떠납니다. 오르막 산길을 따라 수천 년을 버틴 검은 바위돌 사이로 한 발 한 발 옮깁니다. 한 걸음도 무겁지만 꿈을 향해 마지막 힘을 다해 오릅니다. 해발 5,500m 고산에서는 산소도 희박하여 내 몸도 앙살을 부립니다. 움직이기 싫다는 신체의 거부감 신호가 왔으나 코앞에 보이는 전망대를 포기할 순 없습니다.

■ 칼라파타르 전망대에서 본 에베레스트 전경

의지로 칼라파타르 전망대에 올랐습니다. 인내로 에베레스트 4대 전망대를 올랐습니다. 의지와 인내의 힘은 나를 더 강하게 만들어 줄것입니다. 먼저 오른 트레커들이 환한 웃음으로 격려해 주었습니다. 맞은편 깊은 계곡 위로 세상에서 제일 높은 검은 바위산이 손에 잡힐 듯 가까이 보이는 곳입니다. 잔잔한 아침빛이 떠오르자 짙푸른 하늘이 발갛게 변했습니다. 넋을 잃을 만큼 감동이 남다르며 위대한 자연의 힘이 느껴집니다. 한동안 말할 수 없을 만큼 벅찬 감동이 밀려오는 것을 느낄 수 있었습니다. 꿈에도 잊을 수 없을 만큼 장엄한 풍광이 펼쳐졌습니다. 남쪽으로 뻗은 쿰부빙하의 계곡 끝으로 끝도 없이 펼쳐지는 그림 같은 설경을 보는 것만으로도 고생한 보람을 느낍니다. 히말라야를 대표하는 고봉들과 이름 모를 봉우리들이 서로 오라는 듯 손짓합니다. 사방으로 뻗은 파노라믹한 풍광! 내 영혼은 향기로운 자연에 취해 한층 풍요로워졌습니다.

거대한 자연!

검푸르게 아득한 하늘!

하늘에서 쏟아지는 축복!

마음의 정원에서 치솟는 행복!

눈을 돌리는 곳마다 경이로워 가슴이 시렸습니다. 높이 솟은 하얀 산맥, 성스러운 봉우리들이 장엄한 선율처럼 흘렀습니다. 지구촌 끝에 서 있다는 것을 실감합니다. 내 인생에 또 하나의 잊지 못할 풍경을 담았습니다. 산행의 묘미란 이런 것을 느끼기 위함인 것 같습니다. 산행을 마치고 포틀랜드로 돌아와 현실을 대하면 또 다른 행복이 보이고

■ 에베레스트 베이스캠프

■ 한국의 대표적인 산악인 허영호 – 에베레스트 등정후 페리체에서, 1987년, 좌로부터: 김일권, 필자, 함탁영, 허영호, 최종렬

내 꿈도 한 뼘씩 자랍니다. 백팩을 둘러메고 힘들게 올랐던 당시를 지금 돌이켜 보니 당시가 더 아름답게 느껴집니다. 오늘의 나를 지탱해 주는 삶의 뿌리도 어쩌면 산행에서 배웠는지도 모르겠습니다.

등산은 나를 유혹하며 다시 꿈을 꾸게 합니다. 꽉 찬 나이에도 꿈이 있어 행복합니다. 그 꿈을 이루기 위해 열심히 살게 됩니다. 산이 나의 삶에 활력을 넣어 줍니다.

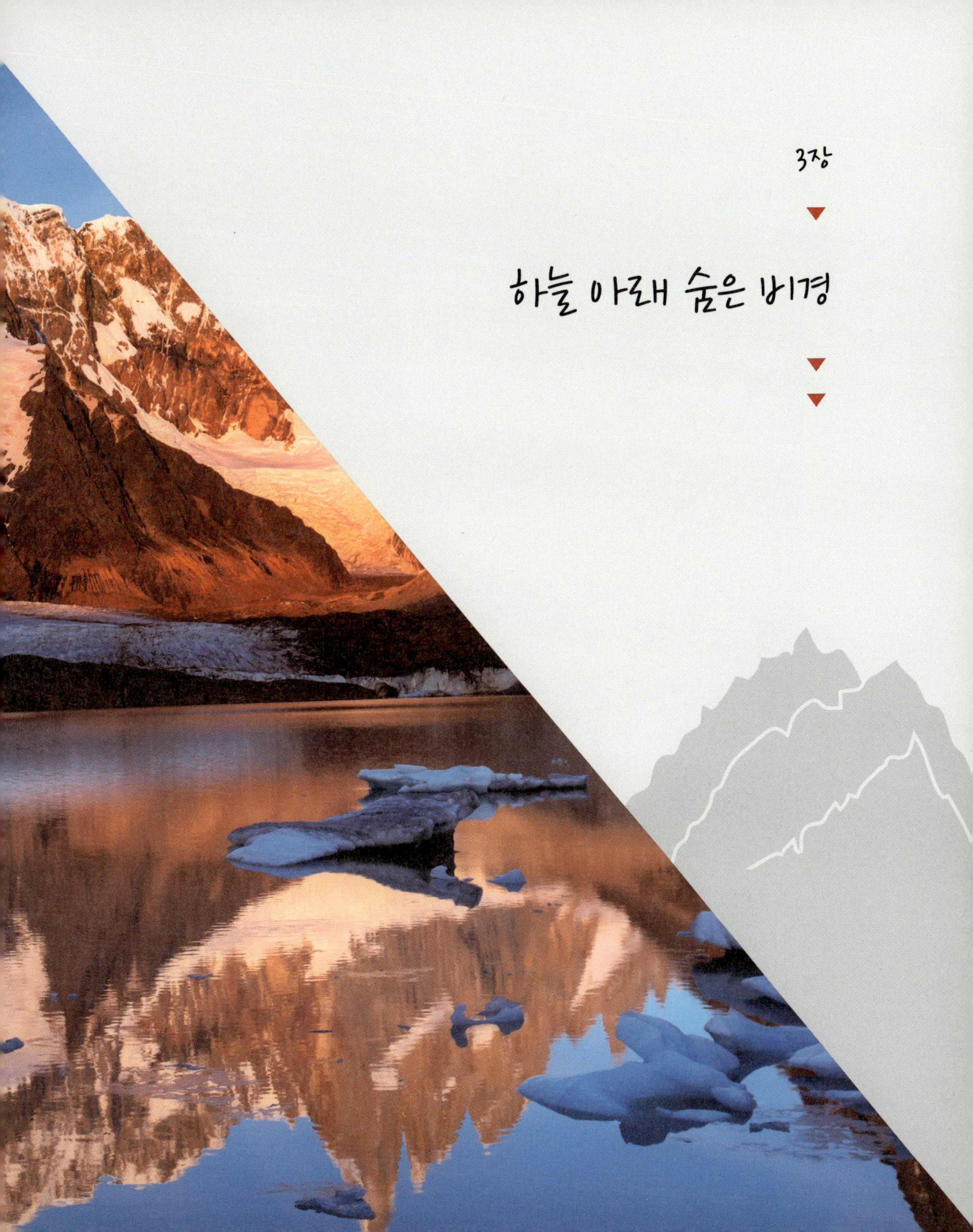

3장

# 하늘 아래 숨은 비경

■ 안데스산맥 최남단, 파타고니아

■ 토레스 델 파이네 국립공원 'W' 트레일

# 파타고니아의 기괴한 암봉길

세상에서 제일 긴 산맥 안데스는 히말라야산맥의 3배 정도 길게 뻗쳐 있습니다. 그중에서도 안데스산맥의 최남단 파타고니아는 가슴 떨리는 또 다른 세상이 펼쳐지는 곳입니다. 다양한 자연을 만날 수 있어 우리가 아는 세상과는 아주 다릅니다. 말로는 표현할 수 없을 만큼 아름다운 풍치가 펼쳐지는 곳입니다.



남미 최남단 푼타 아레나스에서 출발한 버스는 황막한 마젤란해협을 끼고 북방으로 3시간을 달려 푸에르토 나탈레스에 도착하였습니다. 이곳은 토레스 델 파이네 국립공원을 오가는 길목 도시입니다. 그곳에서 75km, 버스로 2시긴 거리인 토레스 델 파이네 국립공원 입구에 도착하였습니다. 공원 입산비 $28을 지급하고 공원버스를 이용하여 10여 분 거리의 라스토레스 산장에 도착하였습니다. 아침 10시에 푼타 아레나스를 출발하여 오후 4시경에 국립공원 입구에 도착한 것입니다. 칠레의 남단 푼타 아레나스에는 버스회사 슈르(Sur)와 페르난데스(Fernandez)가 있는데, 슈르 버스가 한결 편안합니다.

토레스 델 파이네 국립공원은 전체 구간을 둘러보는 130km 'O' 코스와 대표적인 코스만 둘러보는 61km, 'W' 코스가 있습니다. O 코스라 부르는 순환코스는 9-10일이 걸리며 W 코스는 4-5일이 걸립니다.

### 토레스 델 파이네 W 트렉 :

W 트렉과 O 트렉의 출발점 라스토레스 산장은 '토레스 델 파이네' 국립공원을 한 바퀴 돌아보는 출발점이며 종착점입니다. 라스토레스 산장은 60명이 침식할 수 있으며 식사는 하루 전에 예약을 받습니다. 인근에 호텔 라스토레스가 있으나 요금은 5성급을 능가합니다. 라스토레스 산장에서 엘칠레노 산장으로 이동합니다. 라스토레스 산장에서 9.5km, 2시간 거리입니다. 대체로 완만한 트레일이지만 트레일 초입에서 2km 정도는 가파른 트레일입니다. 엘칠레노 산장은 규모가 적어 32명이 혼숙할 수 있으며, 관광철에는 3개월 전 선약은 필수입니다. 산장 예약이 안 될 경우에는 산장에서 대여하는 텐트를 예약하고 개인 침낭은 필수로 지참합니다.

엘칠레노 캠프에 배낭을 풀고 4km 거리에 있는 라스토레스 삼형제봉으로 이동합니다. 트레일은 경사가 급해 1시간 30분-2시간 거리입니다. 엘칠레노 캠프장 앞 개울을 건너 가파른 숲길로 40분 정도 오르면 토레스 캠프장 입구에 이릅니다. 엘칠레노 캠프장이 만원일 때 트레커들이 사용하는 제2 캠프장입니다.

■ 캠프 엘칠레노, 유료 캠프장

토레스 캠프장을 지나면 트레일은 가파른 바위길로 접어듭니다. 그리고 1시간 정도 버려진 채석장 같은 바위길을 오릅니다. 바위길 끝에 아담한 호수가 있습니다. 호수 뒤로 태고의 숨결이 서린 거대한 3개의 돌기둥을 보노라면 황홀경에 빠져듭니다. 중앙에 위치한 코 포타레자 2,681m 봉을 기준으로 좌편에 푼타 카타리나 1,415m 우편에 코 에스쿠도 2,240m 봉과 코 카베자델 인디오 2,230m 봉이 거대한 보석처럼 그 위엄을 뽐내고 있습니다. 호숫가에 앉아 조용히 눈을 감고 웅장한 돌기둥을 바라보노라니 자연의 숨소리도 들려오고 싱싱한 하늘 냄새도 느껴집니다. 한동안 바라만 보아도 마냥 즐겁기만 하였습니다. 보석처럼 빛나는 신비로운 자연의 풍치와 향수에 빠져 가슴이 행복해지는 곳입니다.

다음 날 새벽 5시경 랜턴 불빛에 의지해 다시 삼형제봉으로 향했습니다. 아침빛에 물드는 삼형제봉을 보기 위함입니다. 세상이 막 깨어난 시간, 어둠을 뚫고 황금빛이, 웅장한 중앙봉 끝자락에 붉은 점을 찍었습니다. 그리고 그 빛이 서서히 아래로 향하면서 봉우리 전체를 붉은색으로 바꾸어 놓았습니다. 청록빛 호수 뒤로 괴석봉이 보석처럼 빛났습니다. 붉은빛을 담은 바위산이 웅장한 모습으로 물들기 시작하였습니다. 보기만 하여도 마음 한구석을 마구 흔들었습니다. 손발이 시릴 정도로 추웠으나 붉게 물든 빛이 따뜻한 느낌을 주었습니다. 내 생애에 보았던 가장 정겹고 웅장한 풍경 중의 하나였습니다. 3개의 봉우리 중에서 가운데 주봉은 수직 절벽만 1,000m입니다. 이 수직 절벽이 지구촌 암벽 등반가들의 로망이기도 합니다. 신비를 간직한 거대한 화강암 봉우리는 불이 붙

■ 아침빛을 담은 햇살이 호수물을 머금고 라스토레스를 신비롭게 물들인 풍경

은 것 같습니다. 수줍은 듯 빨갛게 물들어 가는 봉우리가 놀라울 정도로 아름다웠습니다. 내 생애에 또 하나의 아름다운 세상을 만났습니다.

캠프 로스 큐에르노스(Camp Los Cuernos)로 이동합니다. 엘칠레노 캠프장에서 로스 큐에르노스 산장과 캠프장까지는 16km, 보도로 4시간 30분 거리입니다. 큐에르노스 트레일은 멈추는 곳마다 멋진 풍경이 연속되며 마음까지 후련할 정도로 호수와 산이 보이는 곳입니다. 산장 주변 계곡의 신선한 개울물은 한여름 쏟아지는 땀을 단숨에 멈춰 버렸습니다.

■ 돌무덤 계곡의 호수에 담긴 기암괴석, 라스토레스 전망대에서 본 전경

산장의 파란 양철 지붕 뒤로 거대한 알미란테산이 마치 하얀 목화를 쌓아 둔 것 같습니다. 해 질 무렵, 캠프장 주변은 짙은 석양이 내려앉아 평화스러운 모습으로 다가왔습니다. 산장 주변에는 30-40개의 무료 캠프장과 유료 텐트가 마련되어 있어 산장이 만원일 때는 유료 캠프장을 이용합니다. 캠프장에는 캠퍼들의 주방 전용 막사도 있습니다.

로스 큐에르노스 캠프장에서 이탈리아노 캠프장까지는 5.5km, 2시간 30분 거리입니다. 캠프장 주변은 불에 탄 나무숲 사이로 텐트가 채워져

■ 로스 큐에르노스 산장 앞 호숫가에서 본 알미란테 니에토 전경

■ 자연의 향기로 가득 찬 로스 큐에르노스 캠프장 전경

있습니다. 세찬 강풍으로 텐트가 요동치는 곳입니다. 로스 큐에르노스 산장에서 이탈리아노 캠프장으로 이어지는 트레일은 호숫가 검정 조약돌이 펼쳐진 백사장을 지나갑니다. 호수의 파도가 호숫가의 수많은 조약돌 사이를 빠져나가는 소리가 경쾌하게 들리는 곳입니다. 걸음을 멈추고 귀를 기울였습니다. 아름다운 선율은 어떤 악기 소리보다 아름답게 들렸습니다. 파도에 밀려 조약돌이 조금씩 구르며 내는 소리가 정겹게 들렸습니다. 수천 년을 파도에 부딪쳐 조약돌 모양새도 각각입니다. 파도가 칠 때마다 조약돌이 구르며 내뿜는 청결한 음은 지나치는 트레커들의 마음을 감싸 주었습니다.

검정 조약돌 모래사장을 지나 오르막길을 오르고 내리며 2시간 정도 길을 재촉하면 캠프 프랑세즈(Camp Frances)를 지나칩니다. 프랑세즈 산장 주변의 아름다운 야생화가 눈길을 끌게 만듭니다. 산장 주변은 거대한 하얀 돌산과 바다같이 넓은 호수 풍경입니다. 그곳에서 20여 분 평탄한 트레일을 걷노라면 이탈리아노(Italiano) 캠프장에 도착합니다. 산불로 타 죽은 하얀 나무숲 사이로 텐트가 오목조목 정겹게 보입니다. 이곳에는 공원 관리사무실이 있으며 공원 건물 입구에는 트레커들이 백팩을 놓아두고 간단한 차림으로 브리타니코  전망대 트레일로 떠나는 곳입니다.

브리타니코 전망대는 관리사무소에서 5.5km, 왕복 4시간 거리입니다. 브리타니코 캠프로 이어지는 이탈리아노 계곡 트레일은 바람과 전쟁을 하는 곳입니다. 초입부터 프랑세즈 빙하 계곡의 개울을 끼고 험한 바위길을 오릅니다. 높이를 알 수 없는 깊은 산골짜기에서 빙하가 녹아 떨어지는 굉음도 요란스럽습니다. 좌편으로 쿰브레 노르테 2,750m 산에서 빙하가 녹아 폭포수가 되어 떨어집니다. 급경사 오르막 트레일은 시속 50km의 강풍이 몰아치는 곳입니다. 안경, 모자, 카메라, 사람도 날려 버릴 기세입니다. 강풍에 시달려 체온도 떨어집니다. 등을 돌리고 주저앉아 세찬 바람이 지나칠 때까지 쉬고 또 쉬면서 올라가는 트레일입니다. 칼바람에 뿌리가 뽑힌 나무, 60도쯤 넘어진 나무, 제대로 버티고 선 나무가 없습니다. 세찬 바람이 불면 주변의 나무나 돌을 붙들고 버티어야 합니다. 3.5km 거리를 1시간 반 정도 오르면 모래와 돌만 널려 있는 캠프 브리타니코에 이릅니다.

캠프 브리타니코에서 전망대까지는 2km, 30분 정도 걸립니다. 트레일은 완만한 숲길로 이어지다 가파른 숲길로 이어집니다. 세찬 강풍에 시달린 나무들이 곧 쓰러질 듯이 버티고 있습니다. 몸통과 가지를 줄여 바람과 싸우며 살아가는 나무입니다. 독특한 추위와 칼바람에 시달리는 다채로운 풍경입니다. 트레일 우편으로 호자산 2,200m, 마스가라산 2,306m, 노르테산 2,400m, 프린시펄 봉우리 2,600m가 보입니다. 바위산 정상에 머물던 구름도 바람에 날려 순간순간 맑은 하늘로 변했습니다.

캠프 브리타니코에서 보는 프랑세즈 계곡의 신비하고 오묘한 자연경관과 높은 기암괴석의 봉우리는 기괴합니다. 브리타니코 전망대로 오르는 마지막 50여 m 언덕길에서 만나는 나무는 바람과 전쟁을 하는 것 같습니다. 시선을 돌리는 곳마다 색다르고 눈에 감기는 특이한 풍경에 빠져

■ (왼쪽)로스 큐에르노스로 이동하는 트레일에서 본 토레스 델 파이네의 풍경 (오른쪽)이탈리아노 무료 캠프장

드는 곳입니다. 브리타니코 계곡의 돌산 봉우리는 세찬 바람으로 생명체를 모두 날려 버렸고, 나무란 나무는 바람이 부는 방향으로 휩쓸렸으며, 바람이 조각한 하얀 돌산은 낯선 행성의 모습입니다. 전망대 정상 바위에 오르면 파노라마로 펼쳐지는 풍경이 세상 시름을 씻어 냅니다. 주변의 풍경을 담으려고 시도하였지만, 한동안 강풍으로 사진기도 꺼내지 못했습니다. 강풍을 조금이나마 막아 주는 바위 반대편에 주저앉아 증명샷을 할 정도입니다.

이탈리아노 캠프장에서 파이네 그란데 캠프장까지는 7.6km, 2시간 30분 거리입니다. 캠프장 서쪽 프랑세즈 개울을 건너 평탄한 숲길을 지나갑니다. 주변은 산불로 인해 타 죽은 나무 무덤입니다. 불에 탄 나무숲 사이로 노랑 야생화가 무리 지은 모습이 마치 인공으로 가꾼 정원 같습니다. 고즈넉한 야생화가 나무 무덤을 배경으로 아름답습니다.

■ (왼쪽) 거대한 "기암괴석"으로 오묘한 자연경관을 뽐내는 브리타니코 계곡 동쪽 전경 (오른쪽) 이탈리아노 캠프장 동면 전경



캠프 파이네 그란데로 향하는 호숫가 스코츠버그 레이크(Skottsburg Lake) 트레일은 거친 칼바람을 만나는 곳입니다. 호수물이 칼바람을 맞아 물안개를 만듭니다. 호수에서 피어오른 물안개가 어울려 브리타니코 계곡이 선경을 빚어냅니다. 강풍으로 호수에서 넘실대던 파도가 하얗게 부서져 공중에서 물거품이 되었다가 안개로 변해 호수를 뒤덮습니다. 포근하게 호수를 감싸 주는 물안개 풍경이 마치 꿈속의 여인이 살 것 같은 풍광입니다. 물안개가 산자락을 휘감으며 이리저리 쓸려 다니는 모습도 괴이합니다. 아름다운 자연 경관을 뽐내는 트레일이지만 칼바람에 곤욕을 치르는 트레일이기도 합니다.

파이네 그란데 산장에서 그레이 산장을 둘러보고 되돌아오는 날입니다. 3.5km 왕복 4시간 거리입니다. 그레이 캠프는 페호호수를 끼고 걷는 코스입니다. 파이네 그란데 캠프장 계곡을 지나 산마루에 오르니 그

■ (왼쪽)그레이 빙하 투어 페리 (오른쪽)그레이 빙하 카누 렌트장

■ 캠프 그레이에서 본 그레이 빙하

■ (왼쪽)아침 햇살을 머금은 파이네 그란데 캠프장 – 동쪽 전경 (오른쪽)백팩커들의 마음을 평화롭게 가라앉히는 파이네 그란데 캠프장 – 북동 전경



레이 빙하에서 몰아치는 칼바람으로 눈을 뜰 수 없을 정도입니다. 트레일은 험난해지며 일부 구간은 바위 틈으로 건너뛰어야 합니다.

그레이 빙하에서 카누를 타고 즐기는 사람들을 만났습니다. 그들은 호텔 그레이에서 운영하는 페리를 타고 빙하 풍광을 즐기는 사람들이었습니다. 그레이 빙하는 칠레와 아르헨티나 국경에 걸쳐 폭 6km, 길이 28km, 두께가 30m 정도입니다. 토레스 국립공원 10여 개의 빙하 중에서 가장 큰 빙하입니다. 빙하 투어를 하고 파이네 그란데 캠프장으로 돌아갑니다.

파이네 그란데 산장 식당은 트레커들과 일반 관광객들로 만원입니다. 샤워를 하면서 곤욕을 치렀습니다. 미지근한 온수에 머리를 감다 갑자기 냉수로 바뀌었기 때문입니다. 샤워를 계속할 수도, 안 할 수도 없는 상황이었습니다. 허나 포도주 한 잔은 안정과 휴식을 주었습니다. 포도주와

■ (왼쪽) 저절로 마음이 편해지는 파이네 그란데 캠프장의 일출 전경 (오른쪽) 페호 호수를 건너는 페리를 타기 위해 대기하는 트레커들

양고기, 채소를 곁들인 식단은 별천지같이 느껴졌습니다. 파이네 그란데 국립공원 산장 중에서 식사다운 식사를 할 수 있는 곳입니다. 산장 도미토리는 2층 벙커 침대 4개에 8명이 혼숙할 수 있습니다.



오전 10시경 페호 호수 건너편 살토치코 선착장에서 떠난 페리가 파이네 그란데 선착장에 도착하였습니다. 페리로 30분 거리입니다. 잔잔한 아침 햇살이 살랑거리는 호수 물결에 은빛으로 반짝거렸습니다. 선착장의 트레커들은 하나같이 웃음꽃이 활짝 핀 모습입니다. 본격적인 트레킹 코스로 이동하기 때문일 것입니다. 오전 10시 40분 호수 건너편 선착장으로 이동하는 페리에 승선하였습니다. 대부분 트레킹을 마치고 돌아가는 사람들입니다. 페리 옥상에서 이탈리아노 계곡을 바라보는 풍경은 독특하게 아름답습니다. 가슴이 시릴 정도로 빼어난 풍경입니다. 토레스 델 파이네의 대표적인 풍광입니다. 지난 며칠간 다양한 풍경을 만났는

■ 토레스 델 파이네 국립공원의 아이콘 '큐에르노스 델 파이네' 전경

■ 호수에 담긴 큐에르노스산과 몬테 알미란토 니에토산 전경

데, 오늘도 파타고니아의 풍경은 변화무쌍합니다.

토레스 델 파이네의 모든 산장은 선약이 필요합니다. 선약이 안 되는 산장에서는 텐트를 예약할 수 있습니다. 하루는 전경이 좋은 '호스테리아 페호'에서 휴식을 취하며 토레스 델 파이네의 대표적인 풍경을 담았습니다. 매일 밤하늘을 바라보며 잠을 청했던 시간들은 행복하였습니다. 황홀한 아침빛과 불타는 저녁빛을 발했던 6일 간의 W 코스 트레일에서 보낸 캠프장은 영혼까지 삼켜 버렸습니다. 6년 전 O 코스를 힘겹게 돌았을 때보다 W 코스는 고즈넉하였고 낭만적이었습니다. 숨막히게 아름다운 자연을 품은 파타고니아, 영혼까지 스며드는 파타고니아의 보석 같은 풍경들은 추억 속에서 영원히 지워지지 않을 것입니다.

# 돌로미티의 비밀스런 암벽길

돌로미티로 이동합니다. 오스트리아의 인스브루크에서 국경마을 브레네로까지는 기차로 30여 분이 걸리는데 지명이 브레네로가 아니라 '포르테차'였습니다. 기차를 잘못 탄 줄 알고 한동안 불안하였습니다. 국경마을의 기차역은 2개의 지명으로 표기되었습니다. 신성 로마제국 당시 로마와 오스트리아가 빼앗고 뺏기는 과정에서 시대마다 불렀던 이름이 달랐기 때문입니다. 오스트리아의 브레네로(Brenero/Fortezza)에서 이탈리아의 토비아코(Tobbiaco/Toblach)까지는 기차로 3시간 정도 걸렸습니다. 처음 여행하는 나에게는 지명이 당황스러웠습니다. 이곳에서는 주로 독일어와 이탈리아 언어를 사용합니다.

이탈리아의 국경마을 토비아코는 주변의 풍경이 빼어났습니다. 토비아코 기차역에서 코르티나 담페초까지는 35 km, 버스로 50 분 거리입니다. 버스 트레일에 30여 대의 자전거가 실렸습니다. 버스에 자전거를 담고 다니는 것이 이색적으로 보였습니다. 돌로미티는 자전거 도로가 거미줄처럼 연결되어 자전거 여행객이 많기 때문입니다. 토비아코에서 코르티나 담페초로 향하는 주변의 풍경은 높고 낮은 아름다운 산과 호수를 지

■ 독특한 풍경을 볼 수 있는 이탈리아 북동부, 돌로미티

■ 도비야코 기차역 – 코르티나 담페초 – 트레시메 약도

나갔습니다. 코르티나 담페초는 돌로미티의 중심 도시로 사시사철 지구촌의 트레커, 록 클라이머, 사이커, 스키어들이 모여드는 곳입니다. 인구 6,000여 명이 살지만 20,000여 명을 수용할 수 있는 숙박시설이 설비된 도시입니다.

■ 코르티나 담페초 시내 전경



## 보석 같은 풍경 속으로 :

돌로미티 국립공원 내에서는 야영이나 취사를 금지하기 때문에 이탈리아 알핀 클럽에서 운영하는 산장을 이용합니다. 여름, 겨울, 관광철 산장 예약은 필수입니다. 코르티나 담페초는 마을 어느 곳에서나 돌로미티의 독특한 경관을 감상할 수 있습니다. 아침 8시에 출발하는 코르티나 담페초 시내 버스 정류장에서 돌로미티로 출발하는 버스를 타면 아우론초 산장까지 40여 분이 걸립니다. 길 주변으로 다양한 수목이 우거져 더욱 고즈넉한 오름막 도로입니다. 도중에 미주리나 호수에서 잠시 정차하였습니다.

미주리나 호수는 소라피스 산군 앞에 있는 호수로 돌로미티 지역에서

■ 돌로미티의 대표적인 트레치메 주변 트레일과 산장



가장 크고 아름다운 호수입니다. 주변 경관이 좋아 호텔, 모텔, 식당, 슈퍼마켓이 즐비하며 여행객들이 붐비는 리조트가 많은 마을입니다. 1956년 동계올림픽 스피드 스케이팅 경기장으로 사용했던 곳이기도 합니다. 많은 관광객들이 이곳에 묵으며 트레치메를 둘러보는 베이스 숙박지입니다. 트리치메란 이탈리아 말로 '3개의 봉우리'란 의미입니다. 미주리나 호수에서 출발하는 93km 자전거 둘레길도 유명합니다. (미주리나 호수 – 코르티나 담페초 – 토브라처 써 – 도비아코 – 세스토 – 파도레 – 아우론초 디 카도레 – 지랄바 – 미주리나 호수)

미주리나 호수에서 승객을 내려 준 버스는 돌로미티 국립공원 입구를 통과해 20여 분 만에 아우론초 2,320m 산장 주차장에 도착하였습니다.

■ 돌로미티 지역에서 가장 크고 아름다운 미주리나 호수

■ 돌로미티의 저녁노을

■ 아우론초 산장 후면과 주차장 전경

■ 아우론초 산장 정면 – 트레치메를 둘러보는 트레일 헤드

■ 트레일 헤드인 아우론초 산장에서 라바레도 산장으로 향하다 뒤돌아본 전경

■ 아우론초 산장과 라바레도 산장의 중간 지점에서 본 트레치메 남면 전경

■ 라바레도 산장을 건너뛰어 로카텔리 산장으로 가는 101번 오르막 라바레도 고갯길 정상에서 남쪽으로 내려다본 전경

■ 라바레도 산장을 지나 라바레도 고갯길 정상에서 북쪽으로 올려다본 로카텔리 산장 전경

■ (왼쪽)로카텔리 산장에서 바라본 트레치메 북면 전경 (오른쪽)록 클라이머들의 열정이 녹아있는 로카텔리 산장 주변 풍경

돌로미티 전체 트레킹 구간에서 제일 빼어난 세 개의 거대한 수직 암벽이 솟아 있는 트레일 헤드입니다.



트레치메 트레일 입구인 아우론초 산장 2,390m에서 라바레도 산장까지는 보도로 40-50분이 걸리며 공원 관리용 소형차가 다닐 만큼 넓습니다. 트레일 초입부터 돌로미테의 빼어난 자연경관이 가슴을 울립니다. 주변의 기기묘묘한 수직바위 풍광이 눈길을 사로잡습니다. 그림같이 솟은 바위 봉우리 트레치메 남봉을 끼고 30-40분 걸으면 라바레도 2,344m 산장에 도착합니다.

라바레도 산장 입구에 여러 방향으로 떠나는 트레일 약도가 있습니다. 로카텔리 산장은 101번, 센지아 산장 방향은 104번입니다. 101번 로카텔리 산장길은 트레치메 산봉을 끼고 오르는 급경사 오르막 지그재그 트레일입니다. 가파른 킥백 트레일을 30여 분 오르면 돌로미티의 연봉들이 한눈에 들어옵니다. 돌로미티에 숨겨진 보물 같은 트레치메의 거대한 암벽 동면이 코앞입니다. 눈부신 풍경을 발산하는 운치 있는 트레치메 돌기둥 바위에 반해 한동안 백팩을 내려놓고 긴 휴식을 취하였습니다. 자연에서 마음의 평안을 찾을 수 있는 곳입니다. 마음에 평안이 들어오니 보는 것도 황홀해집니다. 우뚝 솟은 거대한 바위 앞에서 트레커들은 넋을 잃습니다.

로카텔리 산장으로 이어지는 101번 트레일은 산장의 식료품 보급과 긴급구조를 위한 도로입니다. 101번 트레일 우편은 파튼코펠 산군 2,744m, 정면으로 로카텔리 산장 2,405m, 뒤로는 트레치메 2,999m, 좌편은 활짝 트인 평원과 계곡입니다.

돌로미테를 대표하는 '트레치메 디 라바레도'는 알프스 6대 북벽의 하나입니다. 중앙의 치마 그란데 2,999m, 동쪽의 치마 피콜라 2,857m, 서쪽의 치마 오베스트 2,973m, 3개의 봉우리가 같은 몸통으로 연결되었습니다. 중앙에 위치한 최고봉은 수직 길이만 600m 정도입니다. 트레치메는 1869년과 1933년 이탈리아의 국민적인 산악 영웅들에 의해 초등되었습니다.

로카텔리 산장은 돌로미티의 대표적인 풍경을 두루 볼 수 있는 곳입니다. 멋있고 아름다운 트레일은 누구든지 걷고 싶어 합니다. 그리고 발걸음도 가벼워집니다. 101번 트레치메 트레일이 그런 길입니다. 깊은 산으로 백팩을 하지 않는 사람들은 알피니스트를 이해하기 어려울 때도 있을 것입니다. 산 넘고 호수를 건너 높은 산에 오르면 멋진 풍경을 볼 수 있는 기회가 많습니다. 멋진 풍경은 감동을 일으켜 마음의 창문을 열어 줍니다. 그리고 그 창문으로 행복한 삶을 보게 해 줍니다.

로카텔리 산장은 3층으로 설계되었습니다. 일층은 일반 식당과 그룹 식당, 2층은 그룹 도미토리, 3층은 혼합 도미토리입니다. 산장 본건물 동편 소형건물은 고급 도미토리입니다. 그리고 산장 서편에는 기도를 할 수 있는 아담한 건물도 있습니다. 필리핀에서 왔다는 한 트레커는 트레치메를 보고 세상의 근심을 날려 버렸다고 하였습니다. 트레치메란 이탈리아 말로 '3개의 봉우리'란 말입니다. 아침 해가 물드는 트레치메 풍경을 담기 위해 이른 아침 서둘러 로카텔리 산장 뒷산 중턱에 올랐습니다. 아침 해가 솟아오르자 숨겨진 바위산들이 파노라마처럼 펼쳐졌습니다. 산장 뒤쪽 2개의 잔잔한 호수물에 주변 암벽들이 담겼습니다. 돌로미티의 대표적인 풍경을 가슴과 카메라에 마음껏 담았습니다.

산장 뒷편으로 이어지는 102번 내리막 트레일로 1시간 40분 거리에 폰도계곡이 있습니다. 그리고 3시간 거리에는 세스토와 섹스톤 지역으로 이어집니다. 로카텔리 동편 산기슭으로 이어지는 101번 트레일은 "센지아 산장"과 "코미시 산장"으로 이어집니다.

관광 시즌인 여름 로카텔리 산장은 240여 명이 숙식할 수 있으며 아침 저녁은 예약을 해야 합니다. 식료품 보급 문제로 예약된 사람만 식사를 할 수 있습니다. 산장 3층에는 두 개의 도미토리가 있어, 40여 개의 2층 벙커베드에 80여 명이 혼숙할 수 있습니다. 담요가 제공되지만 밤에는 온도가 떨어져 개인 침낭이 필요합니다. 대부분의 트레커들은 록 클라이

■ (왼쪽)별들이 쏟아지는 돌로미티의 밤하늘 – 로카텔리 산장 뒷산에서 본 트레치메 야경 (오른쪽)밤하늘의 별들이 우뚝 솟은 트레치메를 밝힌다 – 포셀라 라바레도에서 본 트레치메 야경

머들이며, 그들의 얼굴에는 열정이 고스란히 배어 있습니다.

로카텔리 산장에서 센지아 산장으로 가는 101 트레일로 들어섰습니다. 끊임없이 새로운 풍경들이 펼쳐지는 트레일입니다. 로카텔리 산장에서 동쪽으로 이어지는 황막한 퇴적암 트레일로, 1시간 30분 정도 걸으면 이정표가 나옵니다. 동쪽은 101 & 103번, 남쪽은 104번 트레일입니다. 계속 101번 트레일로 20여 분간 나즈막한 오르막을 넘으면 센지아 산장입니다. 아담하게 단장한 산장은 산뜻하고 아름답습니다.

센지아 산장에서 본 돌로미티의 스카이라인 풍경은 뾰족한 첨봉들로 첩첩이 싸인 모습입니다. 빼어난 산악 풍경을 담고 있는 곳입니다. 가는 곳마다 경관이 너무 아름다워 산악 풍경을 마음껏 즐겼습니다. 이곳은 1919년까지 오스트리아와 이탈리아 양국의 국경선이었으나 현재는 이탈리아의 북부 지역으로 편입되었습니다. 산장마다 당시의 돌로미티 산악

■ (왼쪽)로카텔리 산장에서 센지아 산장으로 이동하는 101번 트레일 전경 (오른쪽)센지아 산장 전경



전 영웅들의 사진이 전시되어 있었습니다. 산장에서 산장으로 이동할 때마다 바람결도 다르고 떠도는 구름조각도 다릅니다.

로카텔리 산장을 떠나 센지아 산장을 건너뛰어 3시간 만에 코미시 산장에 도착하였습니다. 매일 색다른 산장에서 문화가 다양한 지구촌 트레커들을 만납니다. 모두가 자유스러운 분위기기입니다. 지구촌 트레커들은 정신적인 면에서는 색깔이 다르겠지만 마음의 바탕색은 같다고 생각됩니다. 코미시 산장 주변에는 6월 중순부터 9월 중순까지 피는 알프스의 장미 알핀로제가 개울가를 빨갛게 물들였습니다.

이른 아침 코미시 산장에서 카두시 산장으로 가는 길에는 향긋한 알핀로제 꽃향기가 길을 밝힙니다. 8월 중순이지만 트레일 중간중간은 얼음길이라 아이젠을 착용해야 합니다. 동틀 무렵 101 트레일 주변의 계곡은 온통 구름바다입니다. 돌로미티의 아침빛은 구름바다 위의 첩첩 산봉을

■ 센지아 산장에서 코미시 산장으로 가는 101번 트레일에서 만나는 야생화 꽃길

신비스럽게 자아냅니다. 코미시 산장을 출발한 지 40여 분 만에 암벽 전문가들이 쉬는 아담한 호수 앞에 도달하였습니다. 엘퍼산으로 진입하는 알피니스트 아이그 트레일 입구입니다. 아이그 트레일 입구에서 암벽전문 등반가들과 합류하여 한동안 같이 동행하였습니다. 낙석으로 위험한 트레일입니다. 뒤돌아 나와 가파른 포셀라 지랄바 고갯길에 오르니 트레커들의 행운을 비는 타르초 깃발이 반겼습니다. 코미시 산장에서 1시간 정도의 거리입니다. 돌로미티의 기암절벽 풍경이 남북으로 펼쳐집니다. 구름바다

■ 엘퍼산 중턱의 알피니스트 아이그 트레일과 마주보는 코미시 산장

위로 치솟은 돌로미티의 풍경은 한동안 내 영혼을 물들였습니다.

고갯길에서 마주한 트레커들과 진한 인사를 나누었습니다. 국적은 달라도 길 위에서 아름다운 시간을 보내는 사람들의 마음 색깔은 엇비슷합니다. "초록은 동색"이라는 속담이 있습니다. 비슷한 인생 그림을 그리는 사람들은 서로 통하는 전기가 흐르는 것 같습니다. 때로는 마치 친구와 연인 같은 대화로 이어지기도 합니다. 서로의 취향 색깔이 비슷하여 대화가 무척 흥미롭기 때문입니다. 고갯길에서 북쪽으로 눈을 돌리면 코

■ 코미시 산장에서 카두시 산장으로 이어지는 101번 트레일

■ 구름바다 위로 이어지는 포셀라 지랄바 고갯마루 타르초

미시 산장 주변 풍경이 펼쳐지고, 남쪽을 바라보면 카두시 산장 풍경이 눈아래로 펼쳐집니다. 동서로 높은 돌산이 병풍처럼 둘러 있는 고갯길에서 본 풍광은 마치 구름바다가 자연을 잠재우는 듯하였습니다.

푸른 하늘, 구름바다 위의 산장, 오색 깃발의 타르초, 첩첩 산봉, 새벽 운해가 산봉을 감싸는 풍광, 며칠간 높은 고개를 넘을 때마다 웅장한 준봉들이 장엄하게 다가왔습니다. 돌로미티 트레일은 바위조각과 모래가 뒤섞여 트레일 안쪽으로 붙어 걸어야 안전합니다. 사암과 퇴적암이 흘러내리기 때문입니다. 돌로미티 트레킹은 세상의 아름다운 준봉과 구름바다를 한눈에 볼 수 있는 곳입니다. 산길을 따라 고갯마루에 오르면 발아래로 최고의 풍경이 이어집니다. '이탈리아의 알프스'라 부르는 이유를 알 것 같습니다.

■ 포셀라 지랄바 고갯길에서 본 코미시 산장 주변 전경

■ 포셀라 지랄바 고갯길에서 본 카두시 산장 주변 전경

## 알프스의 정겨운 눈길

분위기 좋고 활기찬 예술의 도시 제네바, 몽블랑 도로변 레만호수 산책길을 한동안 걸었습니다. 그리고 몽불랑 브릿지를 건너 제네바 공원으로 발길을 돌렸습니다. 공원 입구에 세워진 거대한 꽃시계가 눈길을 끌었습니다. 전자 방식으로 위성과 연결하여 일반 시계와 동일하게 만든 것입니다. 지름 5m, 둘레 18m, 초침길이 2.5m 크기로, 1955년에 제작한 꽃시계입니다. 이 꽃시계는 계절에 따라 변화하는 꽃으로, 일년에 4번 바뀐다고 합니다. 특히 봄철에는 600여 종의 꽃나무에 6,500여 개의 꽃송이로 장식되어 아름답기 그지없습니다.

호수와 연결된 영국식 제네바 공원 산책로를 따라 걸었습니다. 구불구불한 산책로에는 청동 조각상과 분수대를 지나며 녹지 공간이 상당히 넓었습니다. 공원 입구 꽃시계로 돌아와 제네바 시내가 한눈에 들어오는 잔디밭에 앉아 휴식을 취하였습니다. 호수 안의 제네바를 상징하는 40층 높이의 분수대에서 뿜어 올리는 140m 높이의 물기둥은 제네바의 상징물입니다. 시속 200km의 속도로 초당 500m의 물을 뿜어 올리는 제또입니다.

■ (왼쪽)제네바 공원의 꽃시계 (오른쪽)레만호수의 제네바 분수대

제네바 기차역에서 도보로 10분 거리인 알프거리의 샤모니행 버스에 탑승하였습니다. 버스는 레만호수의 몽블랑 브릿지를 건너 꽃시계 공원 거리를 지나고 구시가지의 언덕길을 빠져나갔습니다. 제네바는 평화롭고 낭만적인 도시로 느껴졌습니다. 버스가 아담한 산골마을 3-4곳을 경유하여 2시간 만에 도착한 곳은 샤모니였습니다. 해발고도 1,035m의 깊은 계곡, 높은 설산을 품은 마을입니다. 번잡하지 않고 번거롭지도 않습니다. 사람들의 모습은 세상 근심도, 걱정도 없어 보였습니다.

샤모니는 몽블랑을 등정하며 산에서 꽃을 피운 사람들의 도전적인 곳입니다. 힘든 산행을 통해 의지를 배우고 꿈을 이루기 위해 모험심을 배우는 곳입니다. 샤모니 광장에는 몽블랑을 초등한 자크 발마와 베네딕트 드 소쉬르의 동상이 몽블랑을 향해 손짓을 합니다. 새로운 시대를 여는 사람들은 그들의 이상을 현실로 만들어 냅니다. 동상 옆으로 눈녹은 아르브 강물이 흐르고, 계곡 위로 설산들이 파노라마로 펼쳐졌습니다. 이

■ 샤모니 광장의 몽블랑을 초등한 자크 발마와 베네딕트 드 소쉬르의 동상

동상의 인물들은 지구촌 산악인에게 용기를 준 위대한 사람입니다. 샤모니 광장과 연결된 번화한 파까르 거리를 느린 걸음으로 걸었습니다. 샤모니 시내를 가로지르는 아르브강은 이름만 강일 뿐, 폭 10m 정도의 개울입니다. 그러나 제네바의 유명한 론 호수로 이어집니다. 아르브강 주변으로 카지노, 호텔, 식당, 기념품상가, 등산용품, 슈퍼마켓 등이 모여 있습니다. 샤모니 계곡 풍경은 아름답고 지나치는 사람들은 여유로워 보였습니다.

샤모니의 명소는 케이블카로 오르는 에귀디미디 전망대입니다. 전망대에서 이탈리아 국경으로 연결된 쿠르마외르 로프웨이도 명소입니다. 에귀디미디와 쿠르마외르 관광을 통해 몽블랑 동서벽을 한눈에 감상할 수 있습니다. 폭 10km, 길이 40km, 유럽 최고봉인 몽블랑과 주변의 설봉들이 눈이 부시도록 펼쳐지는 곳입니다.

눈길 트레일에 필요한 장비를 대여하여 가이드를 따라 에귀디미디 전망대로 오르는 케이블카에 탑승하였습니다. 로프웨이, 케이블카, 리프트를 이용하여 몽블랑 코앞까지 오른 것입니다. 세계에서 가장 높고 가장 빠른 에귀디미디 로프웨이는 24km 구간을 21분 만에 오릅니다. 로프웨이에서 내려 더 높은 곳에 위치한 전망대로 오르는 승강기에 올랐습니다. 유럽에서 가장 높은 3,842m 프랑스 방송 수신탑이 있는 전망대입니다. 로프웨이 아래로는 꼬불꼬불한 등산로가 빤히 내려다보였습니다. 샤모니 마을은 구름이 짙게 깔렸었는데, 구름층 위로 올라오니 청명한 하늘 아래 구름바다가 펼쳐졌습니다. 구름바다 위로는 몽블랑을 위시하여 알프스의 기암들이 떠 있는 것처럼 보였습니다. 전망대의 카페, 음식점, 기념품점에는 관광객들로 붐볐습니다.

전망대 주변은 높고 낮은 설산 봉우리들이 파노라마같이 펼쳐졌습니다. 전망대 동쪽 방향으로 디따귈 4,187m, 몽모디 4,465m, 몽블랑 4,807m 정상이 코앞에 보입니다. 백팩을 둘러메지 않아도 몽블랑의 풍광을 한눈에 즐길 수 있는 전망대입니다. 전망대에서 내려다본 샤모니 계곡은 구름바다였습니다.

하루는 방한복, 헬멧, 로프, 크램폰, 기본 장비로 무장하였습니다. 에귀디미디 트레일 입구에서 트레일 아래를 바라보니 반수직에 가까웠습니다. 일행은 몸에 로프를 연결한 채 눈길 아래로 걸어 내려갔습니다. 한 발 한 발 옮길 때마다 스노우 슈즈의 칼날이 만년설에 내리꽂히는 소리가 날카롭게 들렸습니다. 알파인 에귀디미디 빙하 트레일은 한 사람이 겨우 지나갈 수 있는 가파른 눈길입니다. 서로의 몸은 로프로 연결하였습니

■ 유럽에서 가장 높은 에귀디미디 전망대에서 본 몽블랑 정상 주변 전경

■ 에귀디미디 전망대에서 본 디따뀔, 몽모디, 몽블랑 야경

■ 망망히 펼쳐진 구름바다 위로 떠 있는 에귀디미디 전망대

■ (왼쪽)곤돌라를 타고 쿠르마외르로 가는 도중에 본 몽블랑 서벽 전경 (오른쪽)공사 중인 이탈리아 국경의 쿠르마외르 곤돌라역 전경

■ (스위스의 최고봉 몽블랑 전경) 프랑스 – 스위스 – 이탈리아에 걸쳐 있는 알프스산맥의 최고봉 몽블랑 전경

다. 누군가가 빠지거나 떨어지면 끌어올려 주기 위함입니다.

상대방이 굴러떨어질까 봐 가슴은 진동하고 발은 떨렸습니다. 한동안 앞사람이 걷는 발자국을 따라 걸었습니다. 내리막 중간중간 미끄럼을 방지하기 위해 계단을 만들어 놓았습니다. 두렵던 발걸음도 차츰 익숙해졌습니다. 숨을 고르며 천천히 따라가는데도 발걸음이 무거워지기 시작하였습니다. 영영 되돌아오지 못할 길로 들어가는 것 같았습니다. 하얀 꽃길은 햇빛을 받아 눈이 시리도록 아름답게 빛났습니다. 거대한 자연으로 가깝게 다가가는 길은 위험하고 행복하였습니다.

트레일 헤드를 떠난 지 30여 분 후, 일행은 서로의 몸에 연결된 로프를 잠시 풀고 휴식을 취하였습니다. 몽블랑, 에귀디미디 전망대, 이탈리아의 국경 포인테 엘브로네르 전망대로 오가는 4인용 파라노믹 케이블카, 하얀 설경, 눈부실 정도로 파란 하늘, 주변의 풍광은 모두가 매력적으로 보였습니다. 호주에서 왔다는 여성 트레커는 자기 생애에서 가장 행복한 트레킹이라 자찬하였습니다. 그리고 욕망이 하나 있다고 하였습니다. 언제일지는 모르나 유명 등반가들이 걸었던 이들의 발자국을 따라 몽블랑 정상을 등정해 보겠다고 하였습니다.

알프스의 햇빛은 우리의 가슴을 따갑게 물들였습니다. 눈이 부시도록 하얀 눈산의 경사면을 내려가다 좌편 계곡 위로 우뚝 솟은 몽블랑을 바라보니 새로운 희망이 솟구쳤습니다. 20여 분 가파른 설능을 내려가니 우측으로 블랑세 설원이 펼쳐졌습니다. 세월의 물결이 차곡차곡 쌓인 설원입니다. 크램폰이 만년설에 내리꽂히는 소리가 날카롭습니다. 앞서가던

■ (왼쪽)에귀디미디 얼음동굴 끝에 위치한 디따귈, 몽블랑 트레일 헤드에서 마음 졸이며 내려가는 트레커들
(오른쪽)디따귈 트레일 헤드인 에귀디미디 주변 전경



가이드가 잠시 숨을 돌리는 시간을 주었습니다. 몽블랑의 따가운 햇빛이 나의 가슴을 따갑게 물들였습니다.

거대한 자연으로 들어가는 트레일 헤드를 출발하여 경사진 칼날 눈길과 블랑세 설원을 40여 분 걷다 코즈믹 3,613m 산장에 도착하였습니다. 트레일 헤드를 출발하여 1시간 10여 분이 걸렸습니다. 프랑스 알파인 클럽이 운영하는 코즈믹 산장은 디따귈, 몽블랑 등정의 베이스캠프입니다. 여름철에는 148명이 숙박할 수 있으며 겨울철은 10개의 룸만 운영합니다. 아침과 저녁 식사도 할 수 있습니다. 관광철에는 산장 주변에서 비박도 할 수 있으며 예약은 전화로만 가능합니다.

산장에는 다음 날 새벽에 떠날 몽블랑 등정 팀들이 휴식을 취하고 있었습니다. 대부분의 몽블랑 등반가는 코즈믹 산장을 출발하여 8시간 만에 몽블랑 정상에 오르고 5시간이 걸려 산장까지 돌아온다고 합니다. 새벽

■ 칼날같은 몽블랑 트레일 헤드를 출발하여 블랑세 설원으로 내려가는 전경

■ 에귀디미디 트레일 입구에서 코즈믹 산장으로 가는 블랑세 설원 전경

■ 블랑세 설원에서 본 에귀디미디 남서면 전경

■ 코즈믹 산장 – 디따궐, 몽블랑 등반의 베이스캠프

■ 코즈믹 산장에서 본 에귀디미디 전망대

■ 에귀디미디 전망대 후면의 디따귈 트레일에서 본 몽블랑 정상

1시에 기상, 늦어도 2시경에 산장을 출발합니다.

이른 아침, 일행은 코즈믹 산장을 뒤로하고 디따귈 등정 코스로 접어들었습니다. 사방을 둘러보자 하얀 세상이 펼쳐졌습니다. 몽블랑 주변의 설봉들이 까마득하게 다가왔습니다. 아름다운 자연의 향기가 내 가슴으로 밀려들었습니다.

하얀 세상!

은빛으로 반짝이는 세상!

■ 코즈믹 산장을 지나 디따귈 트레일에서 본 에귀디미디 전망대 후면과 몽블랑 전경

차츰 경사진 설원이 시작되었습니다. 산장을 떠나 2시간 정도 지났을 때, 일행은 디따귈산의 중턱까지 올랐습니다. 경사는 점점 가파르게 변하여 위험마저 느껴졌습니다. 체력도 현저하게 줄어들었습니다. 크레파스를 건너는 철사다리가 나왔습니다. 앞으로 2시간 정도만 오르면 정상이랍니다. 그런데 나와 이스라엘 트레커는 더 이상 가는 것이 무리였습니다. 가이드는 우리의 결정을 존중하였습니다.

우리가 산장을 건너뛰어 뒤돌아 나올 때 에귀디미디 전망대가 까마득하게 멀리 보였습니다. 체력이 딸리니 아무리 걸어도 거리가 좁아지지 않았습니다. 이렇게 느리게 걷다가는 마지막 케이블을 놓칠 것 같아 불안하였습니다. 마지막 가파른 오르막 칼날 눈길로 접어들었습니다. 30여 분 만에 내려왔던 길인데, 올라가는 눈길은 1시간 10여 분이 걸렸습니다. 5, 6보를 걷고 2분 정도를 쉬었습니다. 피로하기도 하였지만 목표을 상실한 걸음은 더욱 김빠지게 하였습니다. 디따귈 정상에 오르지는 못했지만 에귀디미디 전망대를 주축으로 한 바퀴 돌아본 트레킹이었습니다. 몽블랑의 꿈결 같은 천상의 풍광을 마음속에 가득 담았습니다. 오늘의 성취감을 내 마음의 동산에 영원히 품고 싶습니다. 몽블랑에서 담은 알파인들과의 사진을 대하노라면 그때의 감격이 밀려오곤 합니다.

Adolphus Lake
Robson Pass
롭슨패스
Jasper National Park
Mt. Robson Provincial Park
Hargreaves Glacier
토보간 폭포
Falls
버그레이크 캠프장
Berg Lake
버그 레이크
Rearguard Mountain
리어가드 산
Robson Glacier
롭슨 빙하
Berg Glacier
버그 빙하
Mist Glacier
미스트 빙하
Whitehorn Mountain
Valley of a Thousand Falls
Emperor Falls
엠퍼러 폭포
Falls of the Pool
White Falls
화이트 폭포
Mount Robson
롭슨 산
Falls
Kinney Lake
키니레이크
키니캠프장
Berg Lake Trailhead
Robson River
공원 사무소
16번 도로
Fraser River
버그 레이크 트레일
스노우버드 패스 트레일


■ 버그 레이크 트레일

# 로키의 향기로운 감성길

캐나디언 로키를 대표하는 밴프-재스퍼 230km 구간에는 국립공원이 4개나 몰려 있습니다. 자연의 아름다움을 가슴으로 느낄 수 있는 곳입니다. 맑은 호수와 빙하, 울창한 숲, 눈을 뗄 수 없는 자연의 풍광이 널려 있습니다. 로키의 대표적인 백팩 트레킹 코스로는 스카이라인 트랙 44km, 아시니보인산 트랙 30km, 버그 레이크 트랙 62km 코스가 유명합니다. 아시니보인산은 캐나다의 마테호른으로 불리는 곳입니다. 산세가 험해 헬기로 이동하여 심장부인 마곡 레이크에 캠프를 하며 주변을 둘러보는 트렉입니다.

로키의 최고봉 3,964m 롭슨 버그 레이크 트레일은 재스퍼에서 하이웨이 16번 서쪽으로 1시간 30분 거리에 있습니다. 롭슨은 빙하가 빚어내는 아름다운 경관 덕에 지구촌의 트레커들이 끊이지 않는 곳입니다. 연중 여름철 3개월만 오픈하기 때문에 연초에 산행허가를 받아야 합니다.

브리티시 콜롬비아주와 앨버타주의 경계에 있는 롭슨산은 캐나디언 로키에서 제일 높은 산이며 사시사철 만년설이 덮인 곳입니다. 콜롬비아 주립공원의 롭슨 트레일 입구에서 스노우버드 트레일 종점까지 왕복 거

■ 공원 입구 주변에서 본 롭슨 남서면 전경

리는 86km입니다. 대부분의 트레커들은 첫날은 트레일 입구에서 5-6 시간을 행군하여 버그 레이크 캠프에서 텐트를 칩니다. 트레일 헤드에서 19km 지점입니다. 그리고 버그 레이크 캠프에서 롭슨 빙하 계곡을 지나는 스노우버드 트레일은 왕복 44km입니다.

공원 입구 트레일 헤드에서 롭슨강을 끼고 올라가다 케니 호수를 건너면 높은 절벽을 타고 내리는 실폭포를 만납니다. 트레일 헤드에서 2시간 거리입니다. 그곳을 지나면 가파른 오르막길로 이어집니다. 흑곰이

■ 트레일 중간 지점에 높은 절벽을 타고 내리는 실폭포

자주 나타나는 숲길을 30분 정도 올라가면 장엄한 2개의 폭포가 기다리고 있습니다. 화이트 폭포와 엠퍼러 폭포입니다. 엠퍼러 폭포에서 안개처럼 피어오르는 장면은 아름답고 장엄합니다. 폭포수가 절벽 바위에 부딪히며 내뿜는 비명과 물안개는 주변의 계곡을 삼켜 버립니다. 그곳에서 마지막 오르막을 오르면 절벽 밑 돌길로 연결되다 평원같이 넓은 개천을 통과합니다. 드넓은 개천 우측으로 보석 같은 롭슨 빙하가 고개를 내미는 곳입니다.

■ 신비스러운 감동을 주는 버그 레이크 캠프장

■ 하늘 아래 숨겨진 롭슨 북면 풍광

■ 잔잔한 감동에 밀려 절로 행복해지는 롭슨 북면 호숫가

■ 호수에 빠진 롭슨 북면의 황홀한 풍경

■ 아침빛은 머금은 평화로운 롭슨 북면 풍경

■ 추억을 치료하는 버그 레이크 캠프장

롭슨의 버그 레이크에는 3개의 야영장이 있으며 전체 트레일 구간에는 7개의 야영장이 있습니다. 버그 레이크 캠프장은 오래된 소나무 숲속에 있어 운치를 돋우는 곳입니다. 나무 사이로 롭슨 북면 정상이 보석같이 아름답게 보입니다. 검푸른 호수물에서 용이 하늘로 치솟을 것 같은 느낌을 받습니다. 티 없이 맑은 푸른 하늘, 만년 빙산을 품고 있는 호수, 이런 절경을 몇 번이나 더 만날 수 있을는지! 한동안 수려한 풍경에 반해 눈을 떼지 못했습니다.

해가 저물자 한적한 숲속의 버그 레이크 캠프장엔 침묵에 깔려 야생의 숨결만 들렸습니다. 간헐적으로 롭슨빙하가 녹아 떨어지는 굉음이 텐트 속을 파고들었습니다. 자연 속에 행복을 느끼게 하는 캠프장입니다. 간혹 텐트를 스치고 지나가는 동물의 정적이 공간을 채웁니다. 이곳은 곰이 자주 나타나는 곳으로 선크림, 치약, 먹다 남은 음식은 반드시 지정된 장소에 보관해야 합니다.

롭슨빙하 계곡을 가까이 보기 위해 다음 날 버그 레이크에서 왕복 4-5시간 거리인 스노우버드 트레일로 이동합니다. 버그 레이크 캠프에서 왕복 44km 거리입니다. 이른 아침인데도 트레커들은 바쁘기만 합니다. 적막한 길에서 지구촌 트레커들과 같이 길을 걷는다는 것만으로도 친구가 됩니다. 처음 본 사람이라도 어색하지 않습니다. 이곳을 찾는 사람들의 마음은 다 같이 따뜻하기 때문입니다. 아침빛을 담은 롭슨은 평화롭고 아름다웠습니다. 보름달마저 롭슨봉에 걸터앉아 트레커들이 연신 감탄사를 내뱉습니다. 한 트레커는 아침빛을 받은 롭슨봉이 보석처럼 반사된 설경을 보며 눈시울을 적셨습니다.

버그 캠프장을 떠나 완만한 리어가드 캠프장을 건너뛰면 트레일의 형세가 사나워집니다. 버그 캠프장에서 2km 거리입니다. 야생화 꽃길을 지나며 자연의 신비함을 느낍니다. 롭슨 빙하계곡 길에서 피어나는 야생화는 건조한 토양에 강한 자외선, 추운 날씨와 척박한 환경에서도 꽃망울을 이쁘게 피웠습니다. 키가 작은 분홍 꽃, 빨강 꽃, 하얀 꽃봉우리를 터트린 짙은 야생화 길입니다. 대부분의 야생화 꽃망울은 적으나 꽃피는 시기가 짧아서인지 한꺼번에 피어난 것 같습니다. 일반 꽃보다 더 아름답고 향기롭게 피어 곤충들을 유혹합니다. 야생화 들판을 지나치면 가파른 바위길로 오릅니다. 롭슨빙하 계곡을 지나는 트레일은 전진할수록 더욱 가파르게 연결됩니다. 오르막 바위길은 만만하지 않으며, 중간중간 위험한 구간에는 쇠사슬로 연결되었습니다. 빙하계곡 언덕을 힘겹게 오르면 개울을 낀 드넓은 초원길이 열립니다. 개울물은 롭슨빙하 아래로 흘러 버그호수로 빠져나갑니다.

초원길에는 마멋이 자주 보입니다. 마멋은 다람쥐 같이 생겼으나 몸집은 다람쥐보다 10배나 크며 겨울철에는 깊은 땅속에서 8개월을 보내는 놈입니다. 앞발을 들고 휘파람 소리를 내는 모습도 귀엽습니다. 마멋의 휘파람 소리는 짝짓기를 할 때 내는 소리입니다. 3-4초 정도의 가늘고 날카로운 휘파람 소리는 간헐적이지만 적막한 산길에서는 정답게 들렸습니다.

버그 캠프장을 출발하여 아름다운 야생화 꽃길, 위험한 바위길, 절벽

쇠사슬 길을 지나 롭슨빙하 계곡을 끼고 가파른 언덕을 올랐습니다. 그리고 초원 위로 펼쳐지는 평원을 건너 가파른 마지막 돌길을 오르면 스노우버드 트레일 끝에 도착합니다. 트레일 끝 전망대에 이르니 끝없이 펼쳐지는 빙원이 바로 코앞입니다. 이곳은 매년 5m 정도의 눈이 쌓이며, 눈은 압력을 받아 30m 깊이에서 얼음으로 변합니다. 한동안 얼음 바다 같은 파라노믹한 빙원에 끌려 눈을 뗄 수가 없었습니다. 트레일 끝 전망대 서쪽의 롭슨봉만 걸치면 모두 아름다운 사진이 됩니다. 어렵게 올라온 지구촌 트레커들이 동쪽으로 펼쳐지는 얼음바다를 바라보며 옹기종기 모여 앉아 자기들만의 여유를 즐기는 모습도 아름답게 보였습니다. 자연을 사랑하는 사람들과 롭슨 풍광을 가슴 가득히 담은 하루였습니다.

저녁 식사 후 버그 호숫가로 나갔습니다. 호수와 순백의 롭슨 만년설이 더해져 성스러운 풍경이 그려졌습니다. 롭슨 정상에 보름달이 걸친 절경은 그지없이 정겨웠습니다. 어디서 이 같은 풍광을 또 만날 수 있을까요! 달밤의 하얀 롭슨과 버그 호수의 푸른 물결은 부드럽고 신비하기만 하였습니다. 보름달이 떠오르는 밤하늘, 호숫가에 옹기종기 모여 있는 트레커들이 달빛으로 더욱 다정해 보였습니다. 아름다운 것들은 밤하늘에 있는 것 같습니다. 다정하게 소곤거리는 커플, 풀벌레 소리, 호수를 감돌고 흐르는 개울물 소리, 밤하늘을 보는 것만으로도 행복합니다. 세상의 근심도 여행의 고달픔도 얼룩진 추억도 치료해 주는 낭만적인 풍경입니다. 내 마음에 새롭게 피어나는 행복은 산행에서 오는 것 같습니다.

■ 스노우버드 트레일 초입의 야생화 꽃길

■ 스노우버드 트레일 중간에서 만나는 롭슨 동북면의 롭슨빙하 계곡 전경

3일간 야영을 같이하며 웃음을 나누었던 백팩커들이 생각납니다. 저녁 시간 낯익은 목소리와 음식 냄새가 좋아서 이웃 텐트로 걸어가 보았습니다. 그들은 김치찌개를 만들고 있었습니다. 내가 김치라고 하였더니 김치찌개라고 정정해 주었습니다. 그들은 호숫가에서 인사를 나누었던 뉴질랜드 부부였습니다. 한국에서 1년을 살았다며 순박한 눈빛과 환한 미소로 맞이해 주었습니다. 우리는 한동안 지구촌 여행담과 한국 문화에 관해 많은 시간을 같이하였습니다. 그림 같은 자연 속에서 그들과의 따뜻한 대화는 오래 기억될 것 같습니다. 마음의 색깔이 같은 사람은 서로의 관심사도 같은 색깔이라 친구가 되기도 쉽습니다. 그들과의 만남은 롭슨 추억을 한층 아름답게 해 주었습니다. 한여름 로키의 아름다운 자연을 느끼며 꽃길을 같이 걸으며 만든 추억은 오래갈 것 같습니다.

이른 아침 호숫가로 나갔습니다. 이곳에서 만나는 트레커들의 표정은 하나같이 밝았습니다. 여름철 3개월 롭슨봉을 볼 수 있는 날은 2주 정도랍니다. 여기까지 힘들게 올라온 것도 대단하지만, 티없이 맑은 날씨 때문에 행복한 표정들입니다. 밤이면 캠프 위로 별들이 흘렀고 달빛으로 얼룩졌습니다. 잔잔한 바람이 호수를 감돌고 푸른 하늘이 롭슨을 품은 풍경은 또 다른 세상처럼 보였습니다. 롭슨봉 위로 두둥실 떠 있는 보름달을 가슴으로 담았습니다. 떠오르는 아침 태양빛과 롭슨봉을 셔터로 붙들었습니다. 아침빛은 호수 수면을 거울로 만들어 롭슨의 빙하 세상은 아름다웠습니다. 롭슨봉과 보름달이 호수에 담긴 몽환적인 풍경은 가슴에 깊이 새겨졌습니다.

■ 스노우버드 패스 트레일 오르막에서 본 롭슨 동북면 롭슨빙하 계곡

■ 롭슨 빙하계곡의 가파른 트레일을 올라 개울가 평원에서 본 롭슨 동면

■ 스노우버드 트레일 끝에서 본 서면 전경

■ 스노우버드 트레일 끝에서 본 동면 전경

4장

# 히말라야 횡단버스

■ 네팔, 인도, 부탄 – 히말라야 횡단버스 노선도

Laya
Kangkar
Pünzum
칸첸중가
Kangchenjunga
Lachung
씨킴
Gangtok
푸나카
탁상
파로
Paro
팀푸
부 탄
갈림퐁
다즈링
Darjeeling
Nagrakata
푼초링
Gelephu
실그리
까까르비타
127C
27
Jalpaiguri
Kokrajhar
17
Baladangi
Cooch Behar

# 정겨운 네팔왕국

네팔의 제2도시 포카라 시내에서 보이는 세계적인 명산, 마차푸차레 6,993m, 안나푸르나 8,091m, 다울라기리 8,167m의 위용은 관광객들의 호흡을 멈추게 할 정도로 아름답습니다. 서부 네팔 포카라는 어디를 가도 눈이 즐거워 흥에 겨울 정도입니다. 누구나 머물고 싶은 도시입니다. 눈앞에 펼쳐지는 명산을 바라만 보아도 무한한 행복감에 젖어드는 곳입니다. 마차푸차레산은 산세가 험해 올라갈 수도 없는 산입니다. 네팔 관광청은 신의 산이라는 미명 아래 등반 허가를 히지 않는 유일한 산입니다. 그리고 세계3대 명산의 하나이기도 합니다.

포카라의 밤 문화는 페와달 호숫가에서 주를 이룹니다. 별난 음식점, 요란스러운 카페, 여인숙, 지구촌의 관광객이 윙크하는 곳입니다. 세계 10위 안나푸르나 제일봉 주변으로 석양빛이 엷은 구름을 뚫고 번지는 기운이 산 아래로 내려가며 붉은빛으로 뒤덮는 장관은 아름답기 그지없습니다. 그리고 늦은 시간 별들이 깜박이는 푸른 밤하늘을 바라보노라면 경이롭고 위대한 자연의 힘에 가슴 깊은 곳까지 행복감이 밀려듭니다.

■ 서부 네팔의 포카라 페와달 호수에 비친 마차푸차레 전경

■ 세계 7위 다울라기리 8,167m 남면전경 ■ 세계 3대 명산의 하나인 마차푸차레 남면 6,993m

■ 세계10위 안나푸르나 8,091m 남면전경

네팔 제2도시 포카라 :

서부 네팔, 포카라 주변에는 히말라야에서 인기 있는 트레킹 코스가 많습니다. 포카라를 기점으로 짧게는 1-7일 정도의 안나푸르나 베이스 캠프 트레일, 길게는 16일 정도의 안나푸르나 순환코스가 있습니다. 안나푸르나 순환코스는 마나슬루, 강가푸르나, 닐기리, 툭체, 다울라기리, 안나푸르나 산군을 한 바퀴 일주하는 가장 매력적인 코스입니다. 이 코스는 나약한 사람들은 도전하기 힘든 코스이기도 합니다.

네팔에는 개도 많습니다. 지나가는 여행객이 제 주인인 양 꼬리를 흔들며 반갑게 달려듭니다. 사람도 먹을 것이 변변찮은데 개들이야 오죽하겠습니까. 그런데 사람들이 개들에게 먹을 것을 주는 인심이 보통이 아닙니다. 알고 보면 개를 천대 못할 그럴 만한 이유가 있습니다. 네팔 사람들은 개가 지옥문의 지킴이라고 믿고 있습니다. 사후에 지옥이라도 갈 경우를 생각하여 생전에 개한테 잘 보이려는 것입니다. 먼 훗날을 대비하여 먹을 것을 주면서 얼굴을 익혀 두고자 하는 것입니다. 사람 입에 풀칠하기도 어려운데 개와 정답게 살아가는 데는 그들의 민속신이 작용한 듯합니다. 개를 보호하기 위해 인간의 약점을 꿰뚫어 본 절묘한 생각입니다. 개는 죽어서 지옥문의 문지기가 되고 사람은 사후에 지옥문을 통과할 때 개의 도움을 받겠다는 생각입니다. 세상은 알고 보면 재미있고 공평한 점도 많습니다.



히말라야의 산촌에서는 마실 물을 구하기 위해 많은 시간을 걸어야 합니다. 식량을 구하기 위해 화전을 일궈 척박한 땅에서도 잘 자라는 옥수수와 감자를 주로 가꿉니다. 그리고 그들은 옥수수나 감자 하나로 하루하루를 눈물겹게 보냅니다. 가난이 얼마나 슬프고 처절한 것인지 그들에게서 배웁니다.

히말라야를 여행하며 그들의 실상을 피부로 느껴 보고 싶은 충동을 받았습니다. 히말라야 횡단여행은 네팔, 인도, 부탄, 3개국을 가로지르는 여행입니다. 히말라야 주변국들이 어떻게 살아가고 있는지 궁금하였습니다. 덜 먹고, 덜 입고, 욕구를 이겨 내며 겸손하게 살아가는 아름다운 사람들을 만나 보고 싶었습니다. 덜 갖고도 더 많이 행복하게 살아가는 그들의 삶의 방식을 체험해 보고 싶었습니다.

서부 네팔 포카라에서 카트만두까지는 약 200km, 비행기로는 25분, 버스로는 8시간 거리입니다. 좁은 산길과 급커브 때문에 속도를 낼 수도 없습니다. 그리고 길에서 손만 들면 누구나 태워 주는 인심 좋은 버스라 시간이 많이 걸립니다. 만원 버스는 공간이 좁아서 안쪽에 있는 사람이 내리려면 앞사람이 모두 내렸다가 다시 타기도 합니다. 버스문은 앞으로 당겨서 열고 닫습니다. 한 여인이 버스문에 손을 다쳤습니다. 그런데 다친 사람이 죄를 지은 사람처럼 버스 기사에게 두 손을 조아렸습니다. 신분제도 때문입니다. 버스 기사는 농민보다 신분이 높기 때문입니다.

포카라를 출발하여 4시간 정도 달리던 버스가 무글링 삼거리에 멈추었습니다. 무글링은 포카라와 카트만두의 중간 지점입니다. 무글링 삼거리는 무질서하며 노점상들과 식당으로 채워진 거리입니다. 먹을 만한 식당을 찾지 못해 길거리에서 오렌지, 바나나, 옥수수를 샀습니다. 그 이외에는 먹을 만한 것이 눈에 띄지 않았기 때문입니다. 네팔의 옥수수는 달작지근하며 찰기가 있고, 바나나와 오렌지는 사람의 탐욕 없이 키워 향기롭습니다. 무글링을 떠난 만원 버스는 계속해서 경적을 울리며 아슬아슬한 계곡 벼랑길을 힘겹게 달렸습니다. 아침 8시에 떠난 버스가 오후 4시경에 카트만두에 도착하였습니다.

네팔의 수도 카트만두는 동서 1.5km, 남북 2km 정도의 작은 고산 분지입니다. 네팔에는 세계에서 제일 높은 에베레스트와 9개의 8,000m

■ 네팔의 수도 카트만두

고봉이 있어 관광객과 등산인들이 쉴 새 없이 드나드는 곳입니다. 내가 지구촌으로 옮겨 다니며 살아온 도시 중에서 가장 인상적이고 감동적인 도시입니다. 간혹 인도를 여행하다 맥이 빠져 카트만두로 돌아오면 지친 심신이 해방되는 휴양지 같은 나라입니다.

카트만두는 인도처럼 소란스럽지도 않고 영적인 거지도 적습니다. 카트만두는 내 인생에서 가장 아름다웠던 계절을 보내기도 한 곳입니다. 가난한 나라지만 아름다운 자연과 아름다운 사람들이 득실대는 곳입니다. 내 마음의 동산에 아름다운 꽃을 피워 주었던 도시이며 내 인생의 6년을 목숨까지 걸고 살았던 도시입니다. '인생은 예술'이라며 히말라야에 묻혀 글을 쓰며 카트만두에 주저앉은 외국인도 많습니다.

카트만두 링로드 동북쪽 보다낫 인근에 티베트 정착촌이 있습니다. 하루는 절친한 치니어라마 집을 방문하였다가 보다낫의 저명한 티베트 라마승을 만났습니다. 그분은 나를 그들이 거주하는 사찰로 초청해 주었습니다. 그 사찰은 네팔로 망명한 티베트 사람들의 영적인 지도자들이 기거하는 곳입니다. 그는 한국 불교 문화의 청결한 사찰을 칭찬하였습니다. 그리고 티베트 불교를 설명해 주었습니다. 티베트 사찰은 외모보다는 내면을 더 강조하였습니다.

불교의 본질은 마음 공부를 하는 것이라 합니다. 깊숙한 곳에 숨겨진 마음을 닦고 닦으면 평안이 깃든다고 합니다. 그 평안을 유지하며 평화롭게 사는 것이 행복이라고 하였습니다. 그리고 자기를 돌아보며 자만과 오만에 빠지지 말고 살아가는 것이 행복으로 가는 길이라 말합니다. 타 종교에 대해서도 언급하였습니다. 모든 종교가 자기 교단의 확장에만 관심이 있을 뿐, 타 종교는 자기와 상관없는 무관심이라는 점이었습니다. 그리고 고승이나 목사라는 사람들의 지옥과 천국의 묘사에 그는 지겨움을 느낀다고 하였습니다. 가 보지도 못한 곳을 마치 가 본 듯이 말하는 것이 가소롭답니다. 결론으로 그의 말을 요약하면, 종교라는 함정에 빠지게 되면 마약에 빠진 것과 같이 눈을 다른 곳으로 돌리지 못한다는 의미였습니다.

### 네팔왕국의 수도 카트만두 :

카트만두에서 약 1,300km 거리인 부탄왕국까지는 버스로 장장 50여 시간이 걸리는 고행길입니다. 현재는 비행기로 카트만두-팀푸 직행 노선이 있으나 1984년 당시 카트만두에서 부탄으로 가는 방법은 자동차길 외에는 다른 교통수단이 없었습니다. 인도의 콜카타에서 팀푸로 들어가는 경비행기가 있었는데 주 2회 시험 비행을 할 때였습니다.

카트만두에서 시외버스를 타는 사람들은 냄비, 물통, 닭, 염소, 살림살이를 한 보따리씩 가지고 탔습니다. 마치 야반도주하는 사람들 같았습니다. 먼 길을 가려니 그러는가 봅니다. 야간버스는 어찌나 만원인지 버스 지붕으로 올라가는 사람도 많습니다. 졸다가 떨어져 죽는 사람도 있답니다. 기온이 섭씨 35도를 넘나드니 버스 지붕이 한결 시원하기 때문입니다.



고막이 터져 나갈 만큼 시끄러운 버스 안의 라디오 음악에 신경이 날카로워졌습니다. 음악은 닫힌 마음을 여는 힘이 있으며 마음의 벽을 허문다 하지만, 히말라야 버스 음악은 고문을 당하는 것 같습니다. 허나 버스 안 사람들은 누구 하나 불쾌감을 표시하는 사람도 없고 정열적인 인도 음악에 빠졌습니다. 현실의 삶을 탈피하고 싶은 욕망의 몸부림 같습니다. 지구촌의 젊은이들은 시끄러운 음악과 술에 의지해 자신을 잊고 살지만, 히말라야 서민들은 버스에서 유행가를 들으며 가슴에 쌓인 무언가를 해소하는 것 같습니다. 그들의 음악은 긴긴밤 외로움을 해결하는 수행법 같습니다. 만원 버스는 2-3시간 정도 달리다 잠깐씩 쉬는데, 화장실 가는 시간입니다. 그들은 이를 “차이스톱”이라 부릅니다.

그렇게 소란스런 가운데서도 졸음에 밀려 잠에 빠져들었다가 불편하여 깨어 보면 무릎 위에 닭이 졸고 있었습니다. 그리고 염소도 갑자기 울부짖습니다. 누군가 염소 다리를 밟았나 봅니다. 잠시 잠이 들었다 부드러운 촉감에 깨어 보면 염소와 얼굴을 맞대고 있었고, 2명씩 앉았던 좌석에 어느새 3명이 앉아 있습니다. 버스는 흔들리며 밤새 달렸고 밤새 몸을 비꼬았습니다. 전쟁터에서 이웃 나라로 떠나는 피난민 같습니다.

만원버스는 자주 섰고 서는 곳이 정거장이었습니다. 승객들에게 해명도 없이 길거리 식당에서 자주 멈추었습니다. 그러나 승객들은 하나같이 태평하기만 하였습니다. 히말라야 주변국들의 서민들 실상을 체험해 보려면 불편하고 시끄러운 버스를 타 보라 하였지만, 다시 타고 싶은 마음이 내키지 않습니다.

10시간의 고행 끝에 네팔 동부 국경도시 까까르비타에 도착했습니다. 버스 정류장 주변은 주막집 몇 개와 곧 쓰러질 것 같은 오두막 몇 채가 버티고 있었습니다. 길거리는 개, 소, 돼지, 염소가 아무렇게나 방치되어 불결해 보였습니다. 우주를 창조하신 크리슈나 신이 소몰이꾼으로 자랐기 때문에 소를 신같이 숭배하는 나라입니다. 이곳에서는 사람보다 소가 더 소중합니다. 힌두교다운 발상입니다.

### 국경마을 까까르비타 :

까까르비타 국경을 넘어 라니간즈라는 인도 출입국 관리소에서 입국사

증을 받으면 인도의 국경도시 '빠니땅기' 마을이 나옵니다. 그곳에서 택시 기사와 삐끼들의 행동은 관광객들을 긴장시킵니다. 폐차 직전의 택시 기사와 옥신각신 흥정을 하는 데 30여 분이 걸렸습니다. 히말라야 주변 국가에서 장거리 택시를 탈 때는 요금 때문에 자주 문제가 생깁니다. 그래서 떠나기 전에 꼭 흥정을 해야 하는 인내가 필요합니다. 카트만두에서 몇 년을 살다 보니 요령도 생겼습니다. 흥정이 끝나자 택시는 경적을 울리며 질주하였습니다. 길거리에는 동물과 사람들, 릭샤와 차가 뒤영켜 눈마저 어지럽습니다. 인도는 버스와 트럭에서 내뿜는 매연으로 즐거운 여행을 하기에도 불편한 나라입니다.

밤새 시달렸던 몸이 고단하여 실리구리에서 하루밤을 쉬어 가기로 하였습니다. 인도 동북부에 위치한 실리구리는 네팔, 부탄, 중국, 방글라데시 국경과 가까운 거리에 있는 도시로 인도의 요충지입니다. 숙박업소를 찾아 나섰습니다. 대로변의 실리구리 골목길은 한 사람이 겨우 지나갈 정도로 좁습니다. 길거리에 한쪽 다리가 없는 노인이 담요를 두르고 나를 쳐다보았습니다. 초라한 그를 바라보니 슬픔이 밀려왔습니다. 주머니에서 20루피를 꺼내 주었더니 웃으며 돈을 받아 챙겼습니다.

그런데 건너편 길거리에서 깡마르고 창백한 아낙네가 재빠르게 달려와 날카로운 시선을 보이면서 손을 내밀었습니다. 이건 '한 푼 줍쇼'가 아니라 '한 푼 내놔'라는 행동이었습니다. 모든 제하였너니 앞길을 가로막았습니다. 끈질기고 귀찮게 굴어 10루피를 주었더니 저 사람은 20루피를 주고 자기는 왜 10루피를 주느냐고 따졌습니다. 어이가 없어 10루피를 더 주고 급히 식당으로 들어갔습니다. 길거리에서 더 이상 추한 모습을 보이고 싶지 않았기 때문입니다. 인도가 아니면 이런 경험을 어디서 하겠느냐 생각하니 오히려 좋은 추억거리가 되었습니다.

음식점 접대원이 식탁을 닦다가 자리로 안내했습니다. 걸레인지 행주인지 분간도 할 수 없는 불결함에 식당을 뛰쳐나왔습니다. 길거리에서 철판에 구운 개떡밀 '난'과 홍차에 밀크를 탄 차이 밀크티를 한 모금 마셨더니 달아서 구토가 날 지경이었습니다. 그리고 '밀크티'를 만드는 현장을 보고서는 마시고 싶은 생각이 없어졌습니다. 이른 밤 호텔방에 누워서 잠을 청했지만 쉽사리 잠이 오지 않았습니다. 1979년 다르질링 여행을 갔을 때 혼란스러웠던 캘카타를 연상케 하였습니다. 인도에서는 산다는 것이 이런 것인지, 기분이 차가웠습니다.



잠시 잠이 들었는데 이른 새벽 시간에 비슈누 신을 찬미하는 음악 소리가 확성기를 통해 따갑게 들렸습니다. 콜카타에서는 까마귀 소리에 잠을 깼었는데 이곳에서는 확성기 소리에 잠을 깼습니다. 인도 인구 8억 중 85%가 힌두교인입니다. 힌두교는 비슈누와 시바를 주신으로 섬깁니다. 힌두교는 유일신을 믿지 않아 다른 종교에 비해 조금은 너그럽습니다. 그들이 신에게 다가가는 방법은 한결같이 고행이라고 생각합니다.

히말라야 주변국을 여행할 때는 먹을 것에 신경 써야 합니다. 끼니때가 되면 간단히 길거리의 바나나, 오렌지로 끼니를 때웠습니다. 길거리 가게는 대부분 손수레 위에 과일과 야채 종류를 많이 쌓아 두고 팝니다. 길거리의 가네쉬 신 앞에는 인도 향의 연기가 피어올랐습니다. 가네쉬 신은 코끼리 머리 같은 형태의 신입니다. 인도 특유의 향 연기는 여느 시장터나 가게 앞에서 많이 볼 수 있습니다. 특히 코를 자극하는 사원 주변의 향은 영혼을 뒤흔들 정도입니다. 그들이 향을 피우는 첫째 이유는 오늘 하루도 무사하게, 또는 장사가 잘되게 해 달라는 묵언의 염원이라고 합니다. 히말라야 주변국은 한마디로 불결하고 무질서하고 신기한 나라입니다. 길바닥에 쓰러져 있는 사람들의 다리를 보면 바짝 마른 명태처럼 여위었고 누더기 가마니를 뒤집어쓰고 자는 사람들은 마치 개와 소 취급을 당합니다. 그들을 보고 있노라면 삶에 대한 의구심마저 들 정도입니다.



실리구리를 출발하여 다르질링으로 이동합니다. 85km, 3시간 정도의 거리입니다. 40여 분 끝없는 평원의 차밭을 벗어난 버스는 가파른 산길을 돌고 돌며 힘겹게 달렸습니다. 실리구리와 다르질링의 중간 지점인 고산마을 쿠르시옹으로 접어들자 안개와 구름이 낮게 깔려 기온도 떨어졌습니다. 마을 옆 철로에서 열차가 연기를 뿜으며 기적을 울렸습니다. 이곳 사람들은 이 열차를 "토이 트레인", "조이 트레인"이라고 부릅니다. '장난감 기차'라는 의미입니다. 아담하고 장난감 같은 산악열차의 정식 명칭은 '다르질링 히말라야 철도'입니다.

70년대 홍콩에 거주할 때 휴가를 이용하여 다르질링을 여행하며 몹시도 흔들렸던 '토이 트레인'을 타 본 적이 있습니다. 번거로운 실리구리 시장터를 지날 때는 승무원이 안내방송을 합니다. "열차 밖으로 손이나 얼굴을 내밀지 마십시오." 열차와 건물 사이가 70cm 정도라 손을 내밀면 위험하기 때문입니다. 장난감 기차는 자전거 속도로 달립니다. 광활한 차밭을 지나치고 험난한 산길에서는 킥백을 수없이 하며 힘겹게 달립니다. 열차가 3-4시간쯤 달리다 해발 2,000m 쿠르세옹 역에서 석탄과 물을 보충하기도 합니다. 장난감 열차는 현재 세계문화유산으로 등록되었으며, 실리구리-다르질링의 명물입니다.

# 인도의 동북부, 다르질링

실리구리는 섭씨 36도를 넘나들었는데 다르질링에 도착하니 기온이 20도 정도로 내려갔습니다. 시외버스 정거장에는 홍차를 파는 사람, 코코넛 열매와 바나나를 파는 사람, 악기를 연주하는 사람, 구두를 수선하는 사람, 물통을 들고 힘겹게 지나가는 사람, 길거리에는 장사꾼들로 활기찼습니다. 영국군 홍콩 주둔 거카용병 태권도 제자들이 마중을 나왔습니다. 3명의 학생이 길거리에 엎드려 큰절을 하고 내 구두에 손을 대었다가 자기의 이마에 키스를 하였습니다. 존경의 표시입니다. 무술을 배우는 그들에게 사범의 존재는 신과 같았던 시기였습니다.

다르질링은 한때 네팔이 지배했던 곳이라 현재도 인구의 70-80% 정도가 네팔인입니다. 하루는 다르질링 히말라야 등산학교를 방문하였습니다. 에베레스트를 최초로 오른 힐러리 경과 셰르파 텐징이 설립한 학교입니다. 중급반 등산 훈련 과정을 들으며 셰르파 나왕곰부와 친구가 되었습니다. 그분을 대하니 마치 거대한 산을 만난 것 같았습니다. 그는 1963년 미국 에베레스트 등반팀과 1965년 인도 에베레스트 등반팀 셰르파로 2번이나 에베레스트 등정에 성공하였습니다. 미국 에베레스트 원정팀은 세계 4번째, 인도에베레스트 팀은 5번째 등정국입니다.

다르질링에서 인상적이었던 에베레스트 영웅 나왕곰부 셰르파의 이야기입니다. 그는 네팔 동부 쿰부 지역에서 태어났습니다. 그의 아버지는 라마교 승원이었고 할머니는 티베트의 롱북사원 주지였다고 합니다. 그는 어린시절 부모님의 강요에 의해 롱북사원으로 떠나게 되었답니다. 롱북사원은 티베트의 에베레스트 베이스캠프와 가까운 곳입니다. 그는 그곳에서 라마교의 교육을 받으며 내면의 소리에 귀를 기울였다고 합니다. 그러던 어느 날, 고향에 갔다가 삼촌을 만났답니다. 그의 삼촌은 에베레스트를 초등한 힐러리경의 셰르파였던 텐징입니다. 삼촌과 밤이 새도록 긴 이야기를 나누었답니다. 그리고 누가 먼저 정상에 올랐냐고 물었답니다. 삼촌은 한동안 생각에 잠겼다가 이렇게 말했답니다. "내가 두 번째로 오른 산은 없다." 그의 삼촌이 한 말입니다.

■ 셰르파 나왕곰부: 1960년대 2번의 에베레스트 등정으로 20여 년간 세계 기록 보유자 Nawang Gombu Sherpa; World Record holder on climbing the Mount Everest.

나왕곰부가 사원으로 돌아가는 날, 삼촌이 "너도 에베레스트를 오를 수 있다."며 용기를 심어 주었답니다. 그는 삼촌의 말에 인생의 방향을 다시 잡았던 동기가 되었다고 합니다. 그는 롱북사원에서 에베레스트 도전의 꿈을 키웠고, 1963년과 1965년, 29살의 나이로 에베레스트를 2번 정복하였습니다. 당시 에베레스트 2번 등정은 20여 년간 세계 기록이었습니다.

이른 아침 마을에서 제일 전망이 좋은 타이거힐 2,590m 전망대로 나갔습니다. 시내 중심부 초우라스타 거리에 인접한 타이거 언덕에 오르니 관광객들이 붐볐습니다. 싸늘한 바람은 옷소매를 타고 몸속으로 들어왔습니다. 어둠이 걷치며 파릇한 새벽빛이 밝아 오면서 칸첸중가의 속살이 드러나기 시작하였습니다. 세계3위, 칸첸중가 8,586m 주변으로 펼쳐지는 히말라야의 설봉은 누구나 황홀경에 빠질 만한 풍경입니다. 이곳을 여행하기 좋은 계절은 건기인 9-12월입니다.

다르질링은 차가 유명합니다. 영국이 인도를 통치할 때 중국 차나무를 시험 재배하여 다르질링에 대대적인 차나무를 심었습니다. 다르질링 차는 중국 차 다음으로 품질이 좋아 세계 3대 차에 속합니다. 다르질링은 해발 2,260m 고산지대로 설악산보다 552m가 더 높은 곳입니다. 영국이 인도를 통치할 때 영국군 기지와 휴양지로 개발되었던 곳입니다. 강우량과 일조량이 중국의 유명한 차 생산지 원난성과 같아 원난성 차나무를 개량하여 차농원이 개발되었습니다.

다르질링에는 영국군 거카 용병이 많습니다. 거카 용병이란 영국군 일원으로 참전하는 네팔 군인입니다. 히말라야의 산악 지대에서 태어난 그들은 어려서부터 고산지대를 오르고 내리며 일상생활을 하다 보니 특수 훈련을 받은 사람보다 강인합니다. 영국이 그들을 선발하여 영국군으로 복무하는 계약직 군인입니다. 인도에 40,000여 명의 거카 대원이 있으며, 싱가폴에는 1,000여 명, 브루나이에 2,000여 명, 바레인의 미 해군 기지에 100여 명이 있습니다. 네팔인들은 이들 중 영국군 용병을 선호합니다. 영국군 용병은 네팔 임금의 100배를 받으며, 계약이 끝나면 평생 연금을 영국정부로부터 받습니다. 그리고 2005년 이후에는 복무 후 영국 시민권도 받습니다.

거카용병은 네팔에서 2-3년에 한 번씩 모집합니다. 네팔의 젊은이 10,000여 명이 신청을 하나, 선발은 500:1 정도입니다. 선발 기준은 기본적으로 25kg의 배낭을 둘러메고 40분 안에 6km의 가파른 산길을 통과해야 합니다. 그리고 기초 영어와 수학, 상식 문제도 풀어야 합니다.

히말라야 등산학교 기념관을 둘러보았습니다. 역대 에베레스트 등정국들의 국기가 걸려 있었는데, 태극기가 보이지 않았습니다. 한국도 에베레스트 등정국인데 왜 국기가 없냐고 하였더니 한국 국기를 하나 보내 달라고 하였습니다. 그 후로 나르질링을 방문할 땐 히말라야 등산학교 기념관에서 태극기를 확인하곤 하였습니다. 히말라야에서 대하는 태극기는 내 마음을 감동시켜 눈시울을 뜨겁게 하였습니다. 인도 제자들의 초청으로 다르질링, 씨킴, 칼림퐁, 뉴델리, 콜카타의 시합장에서 불러주는 애국가는 내 마음을 흔들어 놓았습니다. 애국가가 뭐길래 애국가는 골수를 파고들며 마음을 흔들어 놓습니다. 지금도 눈을 감으면 당시의 모습들이 눈물 속에서 보입니다.

다르질링에서 칼림퐁으로 이동하기 위해 택시를 기다리는데, 머리에 터번을 두른 노인네가 다가왔습니다. 턱수염과 머리를 길게 기른 노인은

■ 다르질링에서 본 세계 3위 칸첸중가의 파노라믹 전경

■ 다르질링 타이거힐에서 본 칸첸중가 일출 전경

대뜸 어디에서 왔느냐고 물었습니다. 카트만두에서 왔다고 하였더니 국적이 어디냐는 말이었습니다. '코리아'라고 하였더니 아는 체를 하였습니다. 시간을 지체할 수 없어 떠나려고 서두르니 슬픈 모습을 하며 손을 다시 벌렸습니다. 그대로 지나칠 수가 없어 10루피를 주었습니다. 그리고 뒤돌아서려니 경멸하듯 중얼거렸습니다. 동행하던 제자에게 무슨 말이냐고 물었더니 "더 많이 주면 더 많은 복을 받을 것인데 그걸 왜 모르느냐?"는 의미였습니다.

다르질링 동북쪽에 위치한 칼림퐁으로 이동합니다. 다르질링에서 동북으로54km, 비포장도로로 2시간 정도의 거리입니다. 메마른 산길에는 야생 원숭이들이 많이 보였습니다. 영국이 인도를 통치할 때 이곳은 스코틀랜드 선교단과 영국 사람들이 많았다고 합니다. 영국 선교사였던 닥터 그레이엄이 칼림퐁 학교와 고아원도 지어 주었으며 지역민에 많은 도움을 주었다고 합니다. 이곳은 한때 인도와 티베트를 이어 주는 교역로였으나, 중국이 티베트를 지배하고 인도가 씨킴을 합병하면서 교역이 단절되었습니다. 칼림퐁의 대표적인 명소로는 통사곰파, 닥터 그레이엄이 살았던 집 그리고 마을 뒷산에 위치한 일출 전망대입니다.

칼림퐁 호텔 현관의 신장에 두었던 구두 한 짝이 없어졌습니다. 왜 한 짝만 없어졌을까? 모텔 여주인에게 알렸더니, 밀크차를 한 잔 건네면서 조금만 기다려 보랍니다. 그녀는 영국에서 중학교 선생을 하다 여행 경유지였던 다르질링에서 며칠 머무르게 되었답니다. 그리고 이곳의 차

(茶)가 좋아 주저앉았답니다. 당시 영국에서는 차문화가 발달하였는데, 대부분 다르질링 차가 영국으로 수입될 때였답니다. 다르질링 차는 내한성, 즉 추운 날씨에 잘 견디며 맛이 깊고 부드럽다고 합니다. 차 한 잔을 마시는 동안 사려 깊고 부드러운 여주인은 모텔 주위를 몇 번 오가더니 긴 장대를 들고 뒤뜰로 돌아갔습니다. 그리고 잠시 후 구두를 가져왔는데, 구두가 엉망이었습니다. 그녀는 하얀 이빨을 보이며 웃으면서 설명을 해 주었습니다. 이곳에서는 보기 드문 구두라 호기심 많은 반다르(원숭이)가 슬쩍하였답니다. 설명을 듣고 보니 그럴듯하였습니다. 구두에 이빨 자국이 많은 것을 보니! 아마 먹잇감으로 보았나 봅니다.



인도 씨킴주 제자들의 초청을 받았습니다. 칼림퐁에서 씨킴까지는 104km, 4시간 거리입니다. 씨킴왕국은 한때 주변의 다르질링과 칼림퐁까지 통치하였던 왕국입니다. 그러나 영국이 인도를 통치할 때 씨킴왕국에 다르질링을 이양 관리하도록 양해각서를 받았습니다. 당시는 티베트가 씨킴을 속국으로 관리할 때라 영국의 보호를 받고 싶었기 때문입니다. 영국은 양해각서로 씨킴을 보호국으로 선포합니다. 부탄 역시 비슷한 시기에 영국의 보호국으로 지정되었습니다.

이에 격분한 티베트는 1866년 씨킴을 침공하였으나 영국의 협조로 전쟁에서 패하였습니다. 그리고 1947년 인도가 독립하면서 영국이 씨킴을 인도에 넘겼습니다. 1980년대 씨킴을 여행하려면 비자 절차가 까다로웠습니다. 인도와 중국의 국경 분쟁이 끊임없이 제기되는 곳이었기 때문입니다.

■ 타시 전망대에서 본 씨킴의 갱톡 도시 전경

# 부탄의 서부관문 푼촐링

씨킴에서 출발한 인도산 '앰배서더' 택시는 먼지가 풀썩거리는 비포장 도로를 달렸습니다. 씨킴에서 다르질링을 거쳐 부탄의 서부 관문 푼촐링까지는 341km, 약 7시간 거리입니다. 자동차 창문으로 스쳐 가는 풍경을 바라보니, 산골짜기를 지나 황홀한 들판이 펼쳐졌습니다. 다르질링을 지나면 고도는 낮아지고 기온은 올라갔습니다. 인도와 부탄의 국경마을 자가온까지는 도로폭이 2차선이나 1차선만 포장되어 오는 차와 마주치면 작은 차가 길옆으로 비켜 줍니다. 에어컨도 없는 택시는 창문을 열어 두어 차 안의 먼지로 곤욕을 치렀습니다. 자가온 마을에는 소, 염소, 개, 돼지, 닭, 인력거, 자동차로 혼잡스러웠습니다.

자가온 마을에서 부탄의 관문인 푼촐링 게이트는 불과 10미터 거리입니다. 같은 도시지만 게이트를 통과하면 부탄의 제2도시 푼촐링입니다. 푼촐링은 거리가 혼잡하지 않고 평온하였습니다. 인도와는 전혀 다른 분위기였습니다. 불과 10여 미터 사이를 두고 그렇게 달라질 수가 있을까 의심스러웠습니다. 인도와 부탄 국경에는 검문소는 있으나 검문을 하는 사람은 없었습니다. 푼촐링 버스 정류장 주변은 한가로웠으며 길거리에는 꼬마들과 염소, 닭 몇 마리가 여행객을 반겼습니다.

푼촐링에는 국가에서 운영하는 두룩(Drook) 호텔이 있습니다. 호텔 문은 열려 있었지만 안내하는 사람도 없었습니다. 호텔 안으로 들어가 큰 소리로 불렀습니다. 잠시 후, 이마의 땀을 손으로 닦으며 중년 남자가 나왔습니다. 그는 유창한 인도식 영어로 2층 방으로 안내하였습니다. 짐을 정리하고 시내를 둘러보았습니다. 길거리에 사람들이 모여 있어 가 보니 닭싸움 판이 열렸습니다. 한쪽 닭이 쓰러질 때까지 승부에 돈을 건 사람들이 응원을 하였습니다. 동네 어린이들은 닭싸움 판 주변에서 구슬치기, 땅따먹기, 제기차기를 하며 국경없이 자기세상을 만들며 시간을 때우고 있었습니다.

골목길에서 반나체로 한가롭게 졸고 있는 여인네를 목격하였습니다. 세상사에 무관심해 보였으며 골목길을 빠져나가니 조그마한 사원이 보였습니다. 먹을 것도 변변찮은데 신에게 바치는 제물과 기도는 정성을 다하는 모습이었습니다.

부탄왕국의 수도, 팀푸로 이동합니다. 이른 아침 팀푸행 시외버스는 네팔 시외 버스와는 달리 가축은 버스 지붕에 채웠습니다. 버스는 비포장도로의 굴곡에 겹쳐 물결치듯 밀려 나갔습니다. 험준한 산길은 지형 그대로를 도로로 만들었기 때문에 속도를 낼 수도 없습니다. 2시간 정도 달리던 버스가 '추카'라는 마

■ 부탄의 서부 관문, 푼촐링 게이트

을에서 쉬었습니다. 손님들도 덩달아 내렸습니다. 텅 빈 버스에서 출발하기를 기다렸으나 기사는 20분이 지나도 돌아오지 않았습니다. 밖으로 나가 동승했던 승객에게 출발 시간을 물었더니 30여 분 후에 떠난답니다. 기사양반이 추카에서 휴식 후 출발한다고 하였지만 부탄 말을 알아듣지 못해서 생긴 일입니다.

추카 버스 정거장에서 재미있게 놀고 있는 아이들 곁으로 다가갔습니다. 그들은 자치기를 하며 시간을 때우는 애들이었습니다. 어린 시절 추억을 생각나게 하였습니다. 아이들의 노는 모습을 보니 우리나라의 시골마을에 온 듯한 느낌이 들었습니다. 팀푸로 가는 주변의 풍경은 깊은 계곡과 메마른 산천, 그리고 2곳의 검문소 이외에는 별다른 것이 없었습니다.



해가 질 무렵 수도 팀푸에 도착하였는데 도시 전체가 시골마을 같았습니다. 이런 곳이 한 나라의 수도라니 믿기지가 않았습니다. 당시 팀푸에는 국가에서 운영하는 4개의 호텔이 있었는데, 모두 실내 장식도 없는 수도원 같았습니다. 팀푸 시내 입구에 있는 드룩 쉐리그 호텔과 모티탕 호텔, 마을 중간에 위치한 부탄 호텔, 둘째 왕비와 큰 공주가 살고 있는 마을 북쪽 산허리에 있는 주몰하리 호텔은 최상급 호텔이었습니다. 부탄 호텔은 1987년 정부기관 사무실로 개조되어 현존하지 않는 호텔입니다.

## 천상의 부탄왕국

간단한 저녁 식사를 마치고 희미한 전등불 아래서 일기를 쓰는 도중 전기가 나갔습니다. 무심히 창문 밖을 내다보니 호텔 건너편 산 위로 둥근 보름달이 앉아 있었습니다. 하늘에 떠 있는 달만 보다가 산 중턱에 걸터앉은 달을 보니 이국적으로 보였습니다. 시간도 멈춰 버린 동화의 나라에는 달님도 쉬어 갔습니다. 희미한 전등불 아래서 깊은 잠이 들었습니다. 여행의 피로 때문에 잠이 깊이 든 것 같았는데 어느새 가까운 곳에서 닭 우는 소리에 잠을 깨었습니다.

이른 아침 창문을 열어 보니 앞뒤 동산 기슭에는 행운을 기원하는 빨강, 노랑, 초록, 흰색 깃발의 장대들이 무리를 지어 있었습니다. 가느다란 대나무 장대에 매달린 깃발들은 세찬 만년설 바람에 견디기 힘든 듯이 몸부림을 치고 있었습니다. 그들은 깃발을 흔들고 있는 바람이 그들의 소원을 품고 하늘까지 전해 준다고 믿고 있습니다. 바람에 나부끼는 그들의 소원이 무엇인지는 알 길이 없지만, 가족의 건강과 행운을 비는 것 같습니다. 그들은 깃발이 흔들릴 때 기도를 합니다. 그런 깃발들은 네팔의 티베트 촌에서도 볼 수 있었는데, 동산 높은 지대나 물가에 위치하고 있습니다. 그럴 수밖에 없는 것이 물가의 높은 곳에는 항상 바람이 불기 때문입니다. 기어서 올라가기도 힘든 산비탈 위에 사람들이 살고 있는 것도 네팔과 큰 차이가 없습니다.

부탄의 수도 팀푸에서 제일 번잡한 곳은 시내 '오그진' 거리의 시계탑 광장입니다. 광장 주변 왕두(Wangdu Mai) 거리 시계탑 주변은 한가하였습니다. 시계탑을 축으로 반경 100m 안에 호텔, 상가, 사무실, 은행, 극장, 공예품 상점들이 밀집해 있습니다. 대부분의 건물은 목재로 아담하게 건축되었고 거리에는 신호등도 없고 인력거와 자동차, 부탄 전통 의상을 한 사람들이 한가롭게 지나치고 있었습니다. 팀푸는 카트만두에 비하면 산촌 마을입니다.



팀푸 시내 주요 건축물 외관에는 연꽃과 구름이 새겨졌고, 창문마다 여러 가지 색을 칠해 보기 아름답습니다. 목조로 지은 집들은 기와만 올렸으면 한국의 전통집과 비슷하여 친근감이 들 정도입니다. 거리의 상점에는 부탄 특유의 과자종류, 골동품, 수공예품이 주로 진열되어 있습니다. 시내에서 북방으로 하얀 목조건물 지붕에 황금색으로 단장한 건물에 끌려 걸어가 보았습니다. 그 건물은 '타시초종'이란 부탄 정부청사였습니다. 출입구 가까운 곳에 황금색 2층이 보이는데 국왕 집무실입니다. 이 목조건물은 부탄 전통 기법에 따라 못을 하나도 사용하지 않았다고 합니다.

■ 부탄왕국의 수도 팀푸 계곡 전경

부탄의 정부청사인 타시초종 건물은 높은 벽과 작은 창문, 그리고 높은 계단을 오릅니다. 흰색 성벽 위에 붉은색과 황금색 지붕으로 아담하게 단장되었습니다. 멀리서 보면 성 같고 요새지로 보입니다. 종합청사는 두 개의 건물이 남북으로 마주 보고 있습니다. 북쪽 건물은 사원으로 사용되며 남쪽 건물은 정부청사로 사용됩니다. 남쪽 건물 위 가장 높은 층이 국왕 집무실입니다. 부탄의 모든 건물은 그들의 전통양식에 따르도록 법으로 정해져 있습니다. 정부 건물인 '종'보다 일반 건물이 높아서는 안 됩니다. 팀푸의 일반 건축은 6층으로 제한되며 지붕과 창문은 필수적으로 전통을 따라야 합니다. 세상에서 가장 조용한 도시 팀푸는 일 년에 한 번 타시초종에서 '세추'라는 일종의 종교축제를 행합니다. 선한 신이 악한 신을 물리치는 내용들로, 스님들이 동물 가면을 쓰고 춤놀이를 합니다.

타시초종을 출입하려면 남자는그들의 전통 의상인 '고'를 갖춰 입고 왼쪽 어깨에 하얀 가사(스카프)를 대각선으로 걸쳐 몸에 두릅니다. 가사는 신분에 따라 구별됩니다. 일반인 가사는 하얀색이지만 국왕은 황금색, 승려는 주황색, 법왕은 초록색, 국회의원은 파랑색을 두릅니다. 고는 상하의가 붙어 있어 우리나라의 두루마기와 비슷합니다. 고를 입을 때는 무릎 아래로 내려오지 않도록 허리춤에서 접어 올린 후 품에 맞게 접어 넣습니다. 그리고 대부분의 남성은 부탄 특유의 전통칼을 긴소매 안에 보호용으로 소지하고 다닙니다. 무릎 아래는 스타킹 같은 긴 양말을 신고 구두를 착용합니다. 여자는 전통 복장인 '키라'를 반드시 입어야 합니다. 그리고 '케라'라고 불리는 긴 천을 동여맵니다. 케라는 허리띠와 같은 것입니다. 가슴 앞에 포개진 앞섶과 긴소매는 주머니로 사용합니다.

부탄 불교의 상징물인 '탁상'이라는 유명한 사원 구경을 하였습니다. 부탄의 비밀이 숨겨 있는 은밀한 협곡은 팀푸에서 자동차로 1시간 정도의 거리에 있습니다. 주차장이 해발 2,600m 지점이며 암자는 해발 3,140m 높이의 바위산입니다. 주차장에서 탁상 암자까지는 약 7.5km,

보통 걸음으로 1시간 30분 거리입니다. 주차장 건너편 산꼭대기에 돌로 깎아 세운 듯한 벼랑 위에 위태로워 보이는 암자가 까마득하게 보였습니다. 비지땀을 흘리며 40여 분을 올라가니 휴식처가 나왔습니다. 해발 2,940m 지점입니다. 간단한 부탄 음식과 음료수를 살 수 있는 곳입니다. 휴식처 입구에는 주물로 만든 마니차가 있는데, 라마교의 성구인 "옴마니밧메홈"이란 문구가 새겨져 있습니다. 그들은 이 마니차를 돌리기만 해도 라마교의 경전을 읽는 것과 같은 공덕이 돌아온다고 믿습니다.

### 부탄 불교의 상징물, 탁상곰파 :

휴식처에서 바라본 탁상곰파는 마치 절벽 위의 제비집같이 위태로워 보였습니다. 가파른 바위 능선으로 나 있는 가파른 길을 따라 40여 분을 더 올라갔습니다. 전망이 활짝 트인 곳에서 다시 내리막 바위틈으로 한 발자국씩 옮겨 가며 조심스럽게 내려갔습니다. 한눈팔다가는 수백 미터 낭떠러지로 굴러떨어질 것 같은 위험한 절벽 길입니다. 오르막 꼭지점에서 20여 분 바위길로 내려가니 은밀한 협곡의 수직바위 절벽에서 맑은 개울물이 폭포같이 쏟아졌습니다. 폭포수 바위에 걸터앉아 잠시 휴식을 취하였습니다. 이 높은 곳에 폭포가 있는 것도 신기하고, 이곳에 사찰을 세운 것도 신기하기만 하였습니다. 비지땀을 식히고 가파른 바위틈으로 10여 분을 더 오르면 탁상곰파 입구입니다. 이렇게 험하고 깊은 계곡에서 적의 침입을 피하고 살아가기로는 천연적인 요새지로 보였습니다. 탁상곰파 내부는 일체의 사진 촬영을 금지합니다.

■ 탁상곰파 트레일

■ 탁상곰파로 오르는 휴식처의 마니차

■ 은밀한 협곡의 수직절벽 위에 세워진 탁상곰파

암자 내부는 바위가 튀어나와 방이라기보다는 바위틈에 들어온 기분이었습니다. 다른 방에는 스님이 있는지 없는지 아무 소리도 들리지 않았으며 방마다 희미한 빛 속에 감춰졌습니다. 남쪽 방향의 아담한 창문으로 밖을 향해 고개를 내밀었더니 전망이 탁 트였습니다. 수직절벽 아래로 계곡과 올라오던 길이 한눈에 들어왔습니다.

부탄에는 '종', '곰파', '라캉'이라 부르는 사찰이 있습니다. 대부분 높은 산과 강을 끼고 수비가 쉬운 곳에 지어졌습니다. 작은 창문과 높은 벽으로 지어져 외부의 침입을 어렵게 하였습니다. '종'이란 사원과 행정을 겸하는 건축물입니다. '곰파'는 깊숙한 계곡이나 절벽에 있는 은둔의 사원이며 '라캉'이란 사찰과 법당인 동시에 일반 불자에 개방되는 곳입니다.

탁상곰파를 둘러보고 떠날 때 구석진 방에서 염불 소리가 은은히 들렸습니다. 그 소리는 초등학교 시절 해인사에서 들었던 염불 소리 같았습니다. 평조롭게 들렸던 염불이 불규칙한 음으로 끝났습니다. 안내원에게 염불의 의미가 무엇인지 물어보았습니다. 그는 한동안 생각에 잠기더니 간략하게 말해 주었습니다. "우리 인생은 무상하니 어진 공덕을 쌓고 살라"는 의미랍니다. 그도 어린 시절 라마승이 되기 위해 수년간 승원 생활을 하였답니다.

팀푸에서 동북쪽으로 77km, 부탄의 300년 도읍지 푸나카로 이동합니다. 자동차로 3시간 거리입니다. 팀푸에서 출발한 자동차는 오르막 비포장 숲길로 30-40분을 달리다 해발 3,116m 전망이 좋은 '도출라 패스'에 잠시 쉬었습니다. 백두산보다 372m가 높은 지점입니다. 부탄의 최고

■ 현재의 도출라 휴게소, 2003

■ (위)옛 모습의 도출라 휴게소, 1984
(아래)옛 모습의 푸나카 목조교, 1984

■ 현재의 푸나카 목조교, 2003

봉인 강카푼숨 7,564m 설산이 보이는 도출라에는 여행자를 위한 티, 커피, 간이 음식이 준비되어 있습니다. 도출라는 2000년을 전후해서 많이 변했습니다. 추억이 깃든 옛 건물과 현재의 모습을 사진으로 대조해 보았습니다

도출라 고개를 지나면 내리막 비포장 산길로 이어집니다. 비포장도로에 커브가 많아 시속 25-30km 이상 달릴 수도 없습니다. 그리고 도로 중간중간에 산사태로 도로 일부가 소실되어 힘겹게 빠져나가는 곳도 있습니다. 간혹 산촌 마을을 지나가지만, 없는 거나 마찬가지입니다. 개울과 계곡을 번갈아 건너뛰어 도착한 곳은 '푸나카'라는 마을입니다. 주변 풍경은 가파른 산기슭으로, 네팔과 같이 계단식 논밭에 씨앗을 뿌리며 살아가는 곳입니다. 마을에는 식당, 기념품 상점이 있으며 강을 건너는 목조다리 건너편에 푸나카 사원이 있습니다.

푸나카종은 1637년에 건축되었으며 300여 년간 부틴의 중심지였습니다. 그러나 1966년 수도를 이곳에서 팀푸로 옮기면서 푸나카는 스님들의 교육을 전담하는 곳이 되었습니다.

### 관세음보살의 사원 푸나카 :

모추강을 건너는 목조교는 1984년 당시 오픈 형태였으나 현재는 지붕이 달린 목조교로 교체되었습니다. 일본이 무상으로 설계하고 시공한 목조교입니다. 사원 규모는 가로 180m, 세로 72m, 두 개의 강이 합쳐지는 곳이라 유사시 방어와 공격의 요충지입니다. 사원의 하층은 입구를

제외하고는 외부의 침입을 막기 위해 돌로 증축되었으며 상층은 부탄의 독특한 창문으로 장식되었습니다.

푸나카종은 어머니 강이라 불리는 '모추'강과 아버지 강이라 불리는 '포추'강이 만나는 곳에 위치하고 있습니다. 강을 건너는 목조교를 건너면 사원 입구로 연결됩니다. 사원 입구 건물은 행정기관이 사용하고 내부의 넓은 광장은 스님들의 생활 공간입니다. 이곳은 1637년 부탄 통일을 완성한 "샤브드룽 나왕 남걀"에 의해 축성되었습니다. 그리고 부탄 불교의 본부이며 부탄에서 두 번째로 오랜 역사를 가진 건물입니다. 또한 부탄에서 가장 아름다운 "종"입니다. 부탄왕국 초대국왕의 즉위식을 한 곳이며, 2011년 부탄 5대 국왕인 "지그메 케샤르 남걀왕축" 국왕도 이곳에서 결혼식을 하였습니다. 부탄왕국에는 지역마다 "종"이 있습니다. 요새지 같은 정부 건물격인 "종"을 제외하면 도시는 보잘것없습니다. "종"은 지역 행정의 사무실로 사용하며 정치적으로 중요한 곳입니다.



태권도 관원 중 언동이 단정한 라마승이 있었습니다. 그는 자신이 푸나카에서 교육을 받게 된 것이 행운이었다고 말하였습니다. 언제나 기도를 드리는 시간은 심신이 자유로웠다고 합니다. 승원의 교육 목적이 무엇이냐고 물어보았습니다. 그는 자신의 마음을 다스리고 수행의 길을 닦는 것이라고 하였습니다. 남의 허물은 물 보듯 하고 자기의 허물은 찾아서 고친다고 합니다.

수행자는 먼저 가난해야 한다고도 하였습니다. 가진 것이 많을수록 마음이 탁해진다는 말입니다. 수행자는 가난할수록 부자라는 의미였습니

■ 부탄왕국 초기, 방어와 공격의 요충지였던 '푸나카종'

■ 1637년에 축성된 부탄 특유의 건축물 푸나카종, 현재는 부탄 불교의 본부 건물

다. 그는 정신세계에 관한 많은 것을 알고 있는 것 같았습니다. 남루한 옷을 걸치고도 행복하였습니다. 부탄의 라마승들은 가난해 보였지만 자연과 더불어 순박하게 살아가는 모습이 아름다워 보였습니다.

푸나카에서 트롱사로 이동합니다. 푸나카에서 트롱사까지는 129km, 당시는 도로 사정이 좋지 않아 8-9시간이 걸렸으나 현재는 5-6시간이 걸립니다. 산사태로 산길이 무너져 자동차로 갈 수 없는 길은 맞은편에서 되돌아가는 버스를 이용하였습니다. 버스 창문으로 비친 부탄의 시골 풍경은 강물과 산줄기, 계단식 밭, 길거리의 가축이 전부였습니다. 한동안 달리던 버스가 고장이 났습니다. 할 수 없이 고독한 길을 걷다 9살 정도의 아이들 3명을 만났습니다. 얼굴엔 시커먼 먼지가 묻어 있었지만 눈망울은 또렷하였습니다. 사탕을 하나씩 주었더니 한동안 살펴본 후 사탕 맛을 본 그들은 환한 웃음을 보였습니다. 그러더니 나를 도와주고 싶다며, 내 배낭을 들어 준다는 것이었습니다. 괜찮다고 하였더니 공짜는 싫다고 합니다. 기특하고 마음에 들어 배낭을 건네주었더니 머리 위에 이고 앞장섰습니다. 우리네 아낙네들이 물동이를 이고 가는 모양새 같아 우스워 보였습니다.

때 묻지 않은 자연에 아름다운 마음이 담긴 아이들 이었습니다. 그들 중에서 가장 큰 아이에게 간단한 부탄말로 부모님이 계시느냐고 물었더니 어머니와 같이 산다고 합니다. 아버지도 계시냐고 하였더니 아이는 말길을 돌렸습니다. 앞서가던 아이가 흙 벽돌집을 가리키며 자기네 집이라고 합니다. 도로 옆 냇가에서 빨래를 하는 여인들과 미소를 나누고 아이의 집으로 들어갔습니다. 1층은 창고와 곳간, 2층은 주거공간이었습니다. 담장도 없는 집에서 마음의 빗장을 걸지 않고 살았습니다. 소박하고 단순한 삶을 사는 집이었습니다. 그들의 생활을 보노라면 의문이 하나씩 생깁니다. 아마도 종교적인 신념은 사람을 행복하게 만드나 봅니다.

### 부탄의 동부 도시 트롱사, 자카르종 :

트롱사를 떠나 자카르종으로 떠납니다. 붉게 물든 산골의 저녁노을, 들판 너머로 띄엄띄엄 바라보이는 집에서 흘러나오는 불빛, 나뭇짐을 머리에 이고 구슬땀을 흘리는 여인들의 모습, 무거운 짐을 짊어지고 비틀거리며 걸어가는 일그러진 사람들의 얼굴, 문명의 반대편 세상에서 때묻지 않은 삶을 향유하는 부탄의 모습들입니다. 그들이 겪는 고통의 깊이까지는 닿을 수는 없지만 그들에게 귀를 귀울이게 해 주었습니다. 그들의 웃음, 그들의 눈물도 헤아려 보게 해 주었습니다. 어쩌면 바쁜 세상을 체험하지 못한 사람들이 더 행복하게 사는지도 모르겠습니다. 삶은 어렵고 큰 시련을 겪어 봐야 마음의 평화도 생기게 하는가 봅니다. 부탄에서 보았던 그들의 삶은 나를 뒤돌아보게 해 주었으며 한층 겸손하게 만들어 주었습니다

부탄의 중심 도시였던 트롱사는 부탄의 역사가 시작된 곳이며 부탄의 정신적인 도시입니다. 1648년에 건축된 '트롱사종'과 왕디초링 궁전은 초대왕인 우겐왕축과 둘째 국왕의 숙소이기도 합니다. 붐탕의 트롱사 주

■ (왼쪽)부탄 최초의 도읍지 트롱사 전면 (오른쪽)부탄왕국 초대 국왕과 경호원

변은 4개의 깊은 계곡으로 둘러싸였으며 부탄에서 가장 크고 오래된 종입니다.

트롱사를 떠나 79km 거리인 붐탕의 '자카르종'으로 이동합니다. 3,100m의 지그재그 요통라 고갯길을 넘어가면 자카르입니다. 자카르 지방의 모텔은 시멘트 바닥에 나무침대가 전부였습니다. 자연의 순리대로 순정을 다해 살아가는 사람들이 아름답고 평화로워 보였습니다. 판자로 막아 놓은 방은 창고 같았으며 옆방에서 코 고는 소리까지 들렸습니다. 벽틈으로 옆방을 훔쳐볼 수 있는 방은 가격도 저렴합니다. 단순하게 살아가는 그들의 모습을 매일 등잔불 밑에서 일기로 남겼습니다. 등불을 끄고 눈을 감으면 내 마음의 소리도 들렸습니다. 히말라야 횡단버스 여행은 나에게 궁핍하게 살았던 어린 시절을 연상케 해 주었습니다. 그리고 내 마음의 발밑까지 고개 숙여 느껴 보게 해 주었습니다.

5장

# 히말라야에 피운 한국 꽃

# 아련한 향수가 배인 팀푸

1984년 4월 맑고도 푸른 봄날, 카트만두에서 부탄 올림픽 위원회 라슐 사무총장을 우연히 만났습니다. 그리고 달포 후 인도 올림픽 위원회의 초청을 받아 뉴델리에 들렀다가 부탄왕국 내무장관을 만나게 되었습니다. 우연한 만남과 인연에서 그들에게 손을 내밀고 말을 걸었더니 다른 세상이 연결되었습니다. 나는 부탄 올림픽 위원회의 초청을 받았습니다. 1984년 당시 부탄왕국과 우리나라는 미수교국이라 신변 문제는 전적으로 개인적인 문제였습니다. 우리나라와 외교관계가 수립되기 4년전, 한국인으로서는 첫번째 부탄왕국 초청객이 되었습니다.

현재는 카트만두, 콜카타, 싱가포르, 방콕, 뉴델리에서 팀푸까지 직행 비행기가 있지만 당시는 캘커타에서 주 2회 운행하는 경비행기가 유일하였습니다. 인도의 캘커타(현재는 '콜카타'로 개명)에서 팀푸로 떠나는 비행기는 출발 시간이 되어 봐야 확실하게 알 수 있습니다. 그들은 출발 시간이 넘어서야 결항임을 알려 주었습니다. 결항 원인은 기상 관계로 다음날로 변경되었습니다. 히말라야 주변국을 여행할 때 이만한 일은 견뎌야 합니다. 이런 불편을 감수하면서 살아가는 그들의 인내력에 경의를 표합니다.

당시 캘커타에서 부탄의 관문인 파로까지는 경비행기로 40여 분이 걸렸습니다. 앞쪽 기체가 커 보이는 뚱보 경비행기는 파로의 비포장 활주로를 덜커덩거리며 착륙하였습니다. 주변엔 뽀얀 먼지가 안개처럼 일어나 주위를 볼 수가 없었습니다. 당시 부탄왕국은 18인용 독일제 경비행기 한 대를 보유하고 있었으며 비행장은 초라하였고, 오두막 청사 주위는 염소와 개 몇 마리가 반겼습니다.

■ 한국인으로서는 최초로 부탄왕국 초청을 받은 필자 – 내무부 차관, 필자, 부탄 올림픽 사무총장 – 팀푸, 1984



부탄의 수도 팀푸는 파로 비행장에서 65km, 논과 밭 사이 일차선 포장길로 1시간 30분 정도 삐걱거리며 달렸습니다. 그리고 부탄 올림픽 위원회와 거취 문제를 협의한 후 서로 힘찬 악수를 나누었습니다. 세상의 가장 조용한 도시에서 푸른꿈을 가꾸어보았습니다.

부탄 사람들은 한국인과 구별하기 어려울 정도로 생김새도 비슷합니다. 눈빛도 유순하고 선량합니다. 대부분의 사람들은 착하며 욕심도 적어서 국가도 평온합니다. 아마도 신앙 생활에서 온 덕성인 것 같습니다. 불교가 국교라 일상생활에 독특한 그들만의 문화가 깊숙이 파고들었습니다. 부탄 사람들은 붉은 승복을 입은 라마교 승원으로 사는 것을 자랑으로 여깁니다. 국회의원의 50%가 라마교인으로 구성되기 때문입니다.

부탄의 국내 여행은 허가증을 받아야 됩니다. 팀푸를 벗어나면 식수도

■ 부탄의 관문 파로 비행장

물동이로 길어다 먹습니다. 시간 관념도 없고 담배는 제조 판매까지 금지된 나라입니다. 화장지는 물론 화장실도 팀푸를 벗어나면 없습니다. 신랑이 결혼하면 신부의 집에 거주하며 가정의 재산 분배 권한도 여성에게 있습니다. 그러나 그들은 생활이 단순하여 행복의 주관적 만족도가 높습니다. 그들이 행복한 것은 세상일에 부딪쳐도 마음에 흔들림이 없기 때문인 것 같습니다. 그렇지 않으면 지구촌 사람들이 얼마나 풍족하게 사는지 모르기 때문일 것입니다.

팀푸 북서쪽 산기슭에 스포츠 콤플렉스라는 종합 체육관이 있습니다. 그곳에서 태권도를 지도하였는데, 많은 학생들이 찾아 주었습니다. 수업이 끝나면 산사태처럼 쏟아지는 질문 앞에서 웃음만 지어도 인기였습니다. 내 추측으로는 팀푸의 젊은이들은 대부분 태권도 구경을 나온 것 같았습니다. 나는 그들을 실망시키지 않기 위해 열심히 지도하였습니다. 태권도는 부탄 젊은이들을 끌어모으는 힘이 있었습니다.

어느 때는 학생들이 줄어들었습니다. 흥미가 없어진 것 같았습니다. 하루는 기타를 들고 아리랑곡을 불러 주었습니다. 태권도를 배우러 왔는데 노래를 배우고 갔습니다. 그다음에는 팀푸 여자들이 많이 모였습니다. 내가 노래를 잘하는 편은 아니지만 아리랑 곡은 편히 부를 수 있는 곡입니다. 그리고 가사를 부탄어로 번역해 주었더니 행복한 모습이었습니다. 한국의 전통곡에는 그들에게 흥을 끌 수 있는 향기가 있었습니다. 그 뒤로 분위기가 달라졌습니다. 나를 따르는 학생들이 더 많아졌고, 그들의 눈길도 다정해 보였습니다.

불편한 부탄 생활에도 익숙해져 갔습니다. 뜨거운 물로 목욕은 거의 할 수 없었고 저녁 7시면 잠자리에 들었습니다. 전깃불은 밤마다 2-3번씩 나갔고 호롱불에도 익숙해졌습니다. 사는 데 불편한 점이 어느 정도 있는 것은 인내심을 길러 주었고 나의 삶을 향기롭게 인도해 주었습니다. 그리고 나의 눈높이와 욕심마저 내려 놓으니 모든것이 새롭게 다가왔습니다. 부탄에서의 삶은 많은 것들이 나를 촌스럽게 변화시켜 주었습니다.

당시 부탄엔 외국인 관광비자가 있기는 하였으나 거의 없는 것과 다름 없었습니다. 호텔에서 만나는 사람들은 세계은행, 세계보건기구, 세계 식량기구, 아시아 개발은행, 세계 환경 보호단체 등 국제 연합기구에서 파견된 사람들이었습니다. 팀푸에는 쿤켈(Kunkel)이라는 주간 영자신문이 있습니다. 어느 날 쿤켈 신문기자가 인터뷰를 요청해 왔습니다. 당시 부탄과 우리나라는 미수교국이라 부탄인들 대부분은 한국을 알지 못하던 시기였습니다. 나는 한국의 발전상을 일본 못지않는 나라로 소개하였습니다.

하루는 호텔 식당에 들렀는데 매일 엄숙하게 인사만 나누었던 사람들이 악수까지 청하며 정답게 마주해 주었습니다. 부탄의 영자 주간신문 쿤켈에서 나의 기사를 읽었다는 것입니다. 부탄 태권도 보급과 한국의 발전상을 상세히 알린 기사였습니다. 그날 이후부터 그들은 자신들이 하는 일을 소개하며 다정한 친구가 되었습니다. 그때 만난 친구들의 인연이 오늘날까지 이어져 안부 편지를 전하고 있습니다. 그분들 중에는 아시아 개발은행 임원, 세계 식량기구 임원도 있습니다

팀푸의 장터는 한동안 나를 유혹시켰습니다. 장터에 나가면 우리네 시골 장터 같은 향수를 느낄 수 있기 때문입니다. 주말장은 활기차고 시끌벅적하여 따뜻한 인간미도 느낄 수 있습니다. 평화롭고 한가한 팀푸 장날은 우리네 시골장터 같은 확성기도 없어 시끄럽지도 않습니다. 그리고 감성이 풍부한 사람들이 벅적거립니다. 장터에는 없는 게 없습니다. 장바닥 물건들이 다양하다는 말입니다. 사주팔자를 보는 사람도 있는데,

새가 사주를 물어 오면 해석을 해 주는 점입니다. 뻥튀기에 깜짝 놀라는 사람들도 있습니다. 주로 애들이 많이 모이는 곳입니다. 나는 그런 장터가 좋았습니다. 한국의 장터와 비슷한 기분을 느끼기 때문입니다. 한국 전쟁의 폐허에서 자란 나에게는 현대의 시장보다 추억의 장터가 더욱 흥미롭게 다가옵니다.

당시 부탄에는 밤문화도 없었으며 인터넷과 TV도 없었던 시기였습니다. 적적함이 밀려올 때는 시내에서 가장 번잡한 오그진 거리의 시계탑 주변, 주몰하리 호텔식당 라운지에서 시간을 보냈습니다. 팀푸의 식당은 욕심을 부릴 만한 음식도 없습니다. 닭고기와 염소 고기를 조리한 모모 음식이 최고였습니다. 그곳에서 만나는 사람들과 서로 마음을 나누다 보면 아름다운 세상 이야기도 듣게 됩니다. 때로는 내가 가 본 적이 없는 지구촌 이야기를 듣노라면 우주의 어느 먼 세계에 온 것 같은 느낌이 들곤 하였습니다.



팀푸의 개는 밤이면 거리로 쏟아져 나옵니다. 개들의 천국입니다. 하루는 식당에서 숙소로 돌아가는데 검은 개 한 마리가 계속해서 따라왔습니다. 배가 고픈 모양새였습니다. 허나 줄 것이 없었습니다. 주머니를 털어 보여 주었지만 소용없었습니다. 머리가 나쁜 개였습니다. 나도 모른 척하고 침묵 속의 깜깜한 골목길을 빠른 걸음으로 빠져나갔습니다. 그런데 검은 개는 숙소까지 따라왔습니다. 그런 일이 있고 나서 밤늦게 숙소로 돌아갈 때면 한 번 보고 두 번 보며 자주 보게 되었습니다. 때로는 닭고기 다리를 준비하였다가 던져 주면 반가움을 주체 못하고 꼬리를 흔들었습니다. 어쩌다 다시 보는 날에는 주인인 양 껑충껑충 뛰며 다정하게 따라붙었습니다. 경계심도 없는 팀푸의 개들은 부탄 사람들의 순박한 마음을 그대로 닮은 것 같습니다.

팀푸에서 유명한 "카르마" 커피숍은 커피 맛이 좋습니다. 하루는 컨트리 음악이 스피커를 통해 흥겹게 쏟아져 나왔습니다. 구석진 테이블에 아름다운 한 여인과 시선이 마주쳤습니다. 잘생긴 외모에 끌려 다시 쳐다보았더니 옆에 있던 올림픽 위원회 간부가 나지막한 소리로 왕비의 언니라고 귀뜸을 해 주었습니다. 짧은 시간이 흘렀고, 그녀가 우리 곁을 지나갔습니다. 그녀의 미소는 위엄을 감추었고 긴 머리카락이 이마를 덮어 걸음을 옮길 때마다 물결치는 듯하였습니다. 커피숍에 있던 사람들은 모두 그녀에게 시선을 빼앗겼습니다. 그녀의 모습은 마치 선녀가 날아가고 있는 듯한 움직임이었습니다. 선녀처럼 보였던 그 여인의 여동생 두 명이 모두 국왕과 결혼식을 올렸다고 합니다. 그녀는 결혼을 하였기 때문에 왕비가 되지 못한 것입니다. 부탄 4대 국왕은 네 명의 왕비를 두었습니다.

내가 자주 들렀던 카르마 커피숍 여자 종업원에게 한국 음악 카세트를 하나 건네주었습니다. 그 뒤로 내가 커피숍에 들어서면 내가 준 카세트 음악을 들려주곤 하였습니다. 팀푸의 커피숍에서 서울의 찬가를 듣는 시간은 나에게 큰 위로가 되었습니다.

무더웠던 어느 여름날, 부탄 현지 사범이 국왕의 누나인 큰공주 집으로 안내하였습니다. 마침 공주의 장남이 미국 유학에서 일시 귀국한 때였습니다. 그는 태권도를 좋아했고 나와는 첫 대면이었지만 몇 번의 시범으로 이내 친숙해졌습니다. 비지땀을 흘리며 운동을 하고 있을 때 태후께서 공주집에 방문을 하셨습니다. 태후께서는 우리의 훈련 모습을 한동안 바라보시고는 한국인을 처음 만났다며 환히 웃어 주셨습니다.

태후께서는 필자가 팀푸에 머무는 동안 불편한 점을 챙겨 주시기도 하였습니다. 그리고 부탄 기념이 될 것이라며 기념품과 기념 사진도 담게 해 주셨습니다. 부탄을 떠날 때 인사차 들렀을 때는 부탄의 기념 우표집과 100여 년 전 국왕 경호원들이 사용하던 방패를 기념으로 하사해 주셨습니다. 태후님과의 만남은 지금도 마음의 사진기에 소중히 간직하고있습니다.



내가 부탄을 떠날 때의 이야기입니다. 100여 명의 관원들이 꽃을 움켜쥐고 부탄 전통 음악을 불러 주었습니다. 나는 그들의 꽃과 절을 받으며 마음속으로 뜨거운 눈물을 흘렸습니다. 내가 자동차에 오르자 그들은 휘파람을 불고 박수를 치며 손수건을 흔들어 주었습니다. 당시 그들과 함께하였던 시간들을 아름다운 추억 창고에 담아 두었습니다. 때로는 태후로부터 받은 기념품과 부탄 올림픽 위원회에서 받은 기념품을 볼 때마다 부탄으로 달려가고 싶어집니다. 태양과 같이 빛나는 눈을 가지신 태후 아쉬케싱 왕축의 가벼운 몸차림과 인자하신 큰 공주님 가족, 팀푸의 제자들은 지금도 마음의 사진기에 소중히 담고있습니다. 부탄에서의 삶은

부탄왕국에 태권도를 최초로 전파한 필자, 스포츠 콤플렉스, 팀푸, 1984 / Master Shin was the first introduce Taekwondo to the Kingdom of Bhutan, 1984

부탄왕국 태권도 국가 대표팀, 1985년(중앙이 필자)

나에게 궁핍하게 살았던 어린 시절을 연상케 해 주었습니다. 그리고 내 마음의 눈높이를 발밑까지 고개 숙여 느껴 보게 해 주었습니다. 지금도 당시에 찍은 눈물의 사진들이 내 마음에 가득 차 있습니다. 네팔에 이어 인도와 부탄에도 나의 조그마한 소망을 심었던 인생 여행이었습니다.

### 아름다운 약속 문화 :

1984년 여름 어느 날, 부탄 국왕의 비서 실장인 "페마 왕첸" 내외분의 저녁 식사 초대를 받았습니다. 그분에게 환영받을 조그마한 선물을 준비하느라 약속 시간보다 조금 늦었습니다. 죄송하다는 말을 전했더니 부탄의 약속 시간은 늦게 와도 기다려 주는 문화랍니다. 그들은 약속된 시간의 지배를 안 받으며 산다고합니다. 급한 사정이 있어 1-2시간 늦게 와도 약속을 지킨 것으로 인정해 준다며 환히 웃었습니다. 그들은 이런 자유로운 약속 시간을 가진 사회가 바로 유토피아라고 하였습니다.

현관 입구에 들어서자 애완견 꼬리는 세련되어 보이도록 미용되어 있었고 앵무새가 "구주잠보, 구주잠보"라고 종알댔습니다. 구주잠보란 '안녕하십니까'라는 부탄 인사말입니다. 그들은 나를 거실로 안내하며 머리가 좋은 앵무새라고 자랑하였습니다. 거실에는 아담한 안락 의자와 책꽂이, 나무탁자 위에 등불이 매달려 있었습니다. 왕첸은 나즈막한 음성에 솔직하고 쾌활한 성격이었으며 부인은 귀족답게 말이 부드러웠습니다. 왕첸의 부인이 태권도 제자라 만찬 자리가 한결 부드러웠습니다. 부탄 특유의 음식들과 산양 말린 고기, 그리고 부탄 전통술인 '아라'를 마셨습니다. 그들의 전통술은 우리의 탁주(막걸리) 정도였습니다. 술잔이 오가자 왕첸 부부는 부탄 전통악기로 흥겨운 음악도 들려주었습니다.

연주가 끝나자 부탄의 역사를 간단히 소개해 주었습니다. 한마디로 부탄은 외국의 침략을 받았지만 한 번도 굴하지 않았다는 것이었습니다. 1644년 초반에 티베트 연합군이 10년간 3번의 침략과 몽고와 티베트 연합군이 11년간 침략을 하였어도 모두 승리로 이끌었답니다. 그들은 지형에 약한 외적을 매복과 급습으로 승리를 하였습니다. 1655년 통일국가 당시는 현재의 부탄왕국보다 8배나 큰 나라였답니다. 인도는 영국의 가혹한 식민통치를 거쳤지만 부탄은 문서로만 영국의 지배를 받았답니다. 한말로 외부로부터 실질적인 지배는 없었다며 부탄왕국의 위대함을 과시했습니다. 부탄은 1910년 영국의 보호령이 되었다가 1947년 인도 독립과 함께 영국의 지배에서 벗어났습니다. 그리고 1949년 8월 8일 독립국이 되었습니다.



부탄은 무상교육, 무상 의료제도, 거지도 없으며 노숙자도 없는 천국이라고 하였습니다. 현대 문명은 더디지만 인간과 자연이 어울려 아름다운 국가랍니다. 그리고 인간의 내면에 존재하는 심오한 만족감이 세계에서 으뜸가는 나라라고 하였습니다. 인구 700,000만 명 중 2만여 명이 승려랍니다. 팀푸에 첫눈이 내리면 모든 관공서는 임시 휴일이랍니다. 그가 뉴욕에서 부탄 영사로 재직할 시 맨하탄 거리의 노숙자를 보면서 의구심이 들었다고 합니다. 경제대국인 미국은 거대한 분노와 불만들이 꿈틀거리고 있는 것처럼 보였답니다. 뉴욕에서 쥐새끼처럼 힘들게 사는 것보다 부탄에서 양처럼 평화롭게 사는 게 더 좋다고도 하였습니다. 배부른 돼지보다는 가난해도 철학이 있는 부탄이 좋다는 의미였습니다. 부탄은 경제적으로는 빈곤하지만 행복하게 사는 법에서는 미국보다 앞섰다고 하였습니다. 그들은 그들이 가야 할 행복한 길을 알고 있는 듯하였습니다.

부탄은 언어만 달랐지, 그들의 생김새와 인정은 우리와 별 차이가 없습니다. 왕첸은 어린 시절 이야기도 들려주었습니다. 몹시도 추웠던 어느 겨울날, 그의 부친은 친구를 만나러 나갔다가 돌아오지 않았다고 합니다. 그렇게 6살 때 아버지를 잃게 된 그는 어머님과 어렵게 살다 어머님도 몇 년 후 병으로 돌아가셨답니다. 그는 비참함에 매일 눈물만 흘리다가 마음을 달래고 조부님 밑에서 열심히 공부를 하였답니다. 이야기 도중 그는 내가 어색하거나 불편함을 느끼지 않도록 배려도 해 주었습니다. 특히 자기의 과거사를 이야기할 때는 말의 속도를 줄여 가며 나의 이해를 도왔습니다. 그분의 인생사를 들어 보니 세상에는 유별난 운명도 있다는 사실에 가슴이 저렸습니다.

왕첸 내외는 나의 어린 시절 이야기도 듣고 싶어 하였습니다. 필자도 그분의 인생과는 공통 분모는 닮았습니다. 생후 3개월이 되는 어느 날 필자의 아버지도 별나라로 여행을 떠나셨고 조부님 슬하에서 자랐습니다. 그리고 한국전쟁의 거친 추억과 중학 시절 시골에서 서울로 야반도주했던 이야기를 들려주었습니다. 내가 기차를 처음 보고 기차 기적 소리에

놀랐던 이야기를 듣던 그들은 한동안 웃음이 그치지 않았습니다. 한국전쟁과 현재의 남북 관계에 대해서도 그들은 북한의 잔악상을 전혀 몰랐습니다. 우리는 밤늦도록 술잔을 기울이며 이야기꽃을 피웠습니다.

# 나마스테 카트만두

지구상에서 가장 높은 히말라야 산맥의 품에 안긴 네팔왕국, 에베레스트를 포함해 세계 최고봉 8개를 보유한 히말라야로 인생 여행을 떠났습니다. 1982년, 네팔왕국을 여행하려면 홍콩, 방콕, 인도에서 비행기 편도가 가능하였습니다. 카트만두 공항에 도착하자 승객들이 어린애들처럼 일제히 박수를 보냈습니다. 히말라야 상공에서 기체가 몹시도 흔들렸는데 무사히 도착해 준 기장에게 보내는 찬사였습니다. 입국장을 빠져나오자 2-3명의 짐꾼들이 밀어닥쳐 짐가방을 서로 운반해 주겠다고 아귀다툼을 벌였습니다. 짐 하나 운반해 주는 팁이 10루피로, 당시 한국 화폐로 환산하면 300-400원이었을 때였습니다. 세계 4위의 빈민국으로 알려진 네팔의 실상을 공항에서 겪었습니다. 공항에서 시내까지는 4km, 택시로 20분 거리입니다. 시내로 가던 중 갑자기 엉덩이에 통증을 느꼈습니다. 좌석에서 용수철이 튀어나와 생긴 통증이었습니다.

카트만두에서 가장 번잡한 왕궁 앞 킹로드 교차로에는 신호등은 고사하고 차선 하나 없었습니다. 길거리에는 회초리를 든 경찰, 빗자루를 들고 분주히 청소하는 여인들, 맨발로 지나가는 사람들, 인력거, 가축들이 거리를 더욱 혼잡하게 하였습니다. 1982년 12월의 이야기입니다. 당시 네팔왕국은 올림픽은 말할 것도 없고 아시안게임에서도 메달 기록이 전무하였습니다. 그 치욕을 벗고자 네팔왕국은 지구촌의 유명 코치들을 카트만두로 초청하였습니다. 필자도 네팔왕국의 초청에 부응해서 목표와 계획을 세워 미친 듯이 정열을 쏟았습니다. 한국 문화로 네팔왕국 체육사에 신화를 이루어 보겠다는 마음의 다짐을 하니 신념이 생겼습니다.

### 서울에서 날아온 편지 :

체육부, 외무부, 세계태권도연맹에 네팔과 부탄의 실상을 자세히 적어 보냈던 적이 있습니다. 그 후 세계연맹으로부터 한 통의 편지를 받았습니다. 거기에는 이렇게 적혀 있었습니다. "신 사범의 노력으로 세계태권도연맹 회원국이 76개국에서 네팔과 부탄이 가입하여 78개국으로 늘어나게 되었습니다. 태권도가 올림픽에 입성할 때까지 무궁한 건투를 빕니다." 1983년 당시 세계태권도연맹 회원국으로는 팬암 44개국 중 19개국, 유럽 50개국 중 20개국, 아프리카 50개국 중 12개국, 아시아 43개국 중 23개국, 오세아니아 19개국 중 4개국이 세계태권도연맹에 가입되었을 때였습니다. 당시의 78개국이 현재는 206개 회원국으로 번성하여 올림픽 정식 종목이 되었습니다. 태권도가 지구촌 끝까지 전파되기 수십년 저쪽의 일들이 나는 아직도 어제의 일처럼 느껴집니다.

체육부와 외무부로부터도 편지를 받았습니다. 거기에는 "신 사범의 노고는 알 수 있으나 부탄은 우리나라와 미수교국이라 정부로부터 도움을 드릴 수 없습니다. 신 사범의 건투를 빕니다."라고 적혀 있었습니다. 미수교국이란 의미는 서로가 국가로 인정하지 않는 상태를 의미합니다. 그러므로 개인의 재산과 생명은 본인이 책임져야 된다는 의미였습니다.

부탄에서 풍토병에 걸렸습니다. 눈앞이 캄캄해졌습니다. 1984년 당시 부탄의 전화 시스템은 인도의 중계를 받아야만 통화가 가능하였던 때였습니다. 전화 다이얼을 아무리 돌려도 "뚜-뚜-뚜" 소리만 날 뿐 연결되지 않았습니다. 수없이 시도하다 보니 손가락이 아팠습니다. 운이 좋아 전화가 잠시 연결되었나 싶으면 모기 소리같이 가날프게 들렸습니다. 전화 한 통화를 하려면 운이 좋아야 하루가 걸렸습니다.

몸이 아프니 마음도 약해지며 향수에 젖어들게 되었습니다. 멍하니 방구석을 바라보며 산송장처럼 죽어 가는 내 모습을 생각하니 숙연해졌습니다. 며칠간 혼수 상태에서 깨어난 나는 걷기조차 힘들었습니다. 열정이 없는 하루하루는 허무하였습니다. 체력이 바닥나니 누워 있어도 식은 땀이 흘렀습니다. 숟가락을 움켜쥘 힘도 부쳤고 젓가락질은 아예 포기하였습니다. 변소에서 단추를 풀고 채우는 일도 곤욕스러웠습니다. 나는 모든 의욕을 상실하고 죽어 가는 모습이었습니다.

세상의 소리가 외롭게 들리는 깊은 밤, 한국에서 날아온 편지를 읽으며 감격의 눈물을 흘렸습니다. 히말라야에서 힘들고 외로울 땐 조국에서 온 편지를 읽으며 고난의 시간들을 견디어 낼 수 있었습니다. 그리고 조그마한 꿈이 숨 쉬고 있었습니다. 네팔왕국과 부탄왕국에 새로운 체육사를 써 보겠다는 강한 의지가 있었습니다.

네팔왕국 최초의 아시안게임 메달과 올림픽게임 메달에 관한 뉴스는 뜨거웠습니다. 우리가 카트만두 공항을 나서자 수천 명의 군중이 운집해 있었습니다. 우리는 이런 일이 일어날지 정말 몰랐습니다. 피가 끓고 가슴이 울렁거렸습니다. 꽃다발이 파도처럼 밀려왔습니다. 카트만두 모든 취재진이 운집하였습니다. 수많은 사람들이 환호했던 그 모습을, 나는 지금도 잊을 수가 없습니다.

그 영광은 쉽게 얻어진 것이 아니었습니다. 화려한 영광의 순간을 이루기까지 절망과 회한의 눈물도 흘렸습니다. 지금도 간혹 당시의 꿈을 꾸기도 합니다. 꿈에서 네팔 국기가 시상대에 올라가는 모습과 네팔 국민들이 환호하는 모습을 보다 꿈에서 깹니다. 꿈에서 깨어나면 다시 잠을 청하며 그 꿈을 이어 가고 싶은데, 그 꿈이 연결되지 않습니다.



1986년 서울 아시안게임과 1988년 서울 올림픽을 거치면서 가장 중요한 것은 네팔 젊은이들의 가슴에 "하면 된다"는 용기를 심어 주었다는 것입니다. 한동안 카트만두 길거리에 나서면 사람들이 알아보고 함성을 지르기도 하였습니다. 카트만두 밖에서 보면 그까짓 올림픽 메달 하나가 그렇게 대견스럽냐고 할 수도 있을 것입니다.

올림픽 출전권을 얻기 위해 각 대륙에서 예선전을 치릅니다. 우리는 아시안 회원국 51개국에서 예선전을 통해 6개국만 초청되는 올림픽 티켓을 받았습니다. 세계에서 16개국만 참가할 수 있는 출전권이었습니다. 올림픽에 출전한 것만으로도 행운이었습니다. 올림픽의 메달 색깔은 달랐어도 우리가 흘린 땀의 색깔은 같을 것입니다. 네팔 국기를 가슴에 달

■ 네팔왕국에 태권도를 최초로 소개한 랑가살라 종합 스타디움, 카트만두1983년

■ 네팔왕국에 태권도를 최초로 전파한 필자 – 카트만두, 1983 / Master Shin was the first introduce Taekwondo to the Kingdom of Nepal and Bhutan. His team had a shorter history of TKD introduce than any other country that participated in the 24th Olympiad and 10th Asian Game. Despite that fact, his team produced many World, Asia and Olympic Champions. Kathmandu, 1983

네팔왕국 태권도 올림픽 국가 대표팀, 1988년(아래 중앙이 필자)

고 세계 최고의 선수들과 경쟁한 것 자체가 꿈만 같았습니다. 그리고 네팔왕국 건국 이래 최초의 올림픽 메달이었기에 더 감격적이었습니다.

아름다웠던 히말라야의 추억 대부분은 세월의 벽에 지워져 버렸으나 네팔왕국 체육사에 피웠던 장미꽃은 내 마음의 동산에 영원히 피어 있습니다. 지금도 다정했던 카트만두 사람들의 목소리, 랑가살라 종합 체육관의 향수, 네팔인들의 속삭임이 들리는 듯합니다. 네팔왕정이 끝나는 과정에서 발생한 왕실의 역사적인 비극은 정말 가슴 아픈 수수께끼입니다. 그때 그 왕정 사람들은 떠났지만 나는 아직도 행복하게 지낼 수 있다는 사실에 간혹 눈시울을 적시기도 합니다. 내가 히말라야에 자주 가는 것도 그곳에서 그들과 가까히 살고 싶다는 마음 때문일 것입니다.

# 작은 발걸음

나의 삶에서 카트만두에서 보낸 6년은 외롭고 쓸쓸한 시간이었습니다. 그러나 그때가 힘들었던 시간인 건 맞지만 가장 행복했던 인생 여행이기도 합니다. 1982년 당시 한국 대사관 직원 가족을 제외하면 카트만두 교포는 김인섭 산악인 가족과 필자 가족이 전부였습니다. 김인섭 씨는 한국 산악연맹의 에베레스트 초기 원정대 정찰 업무를 마치고 정착하였으며, 필자는 네팔 올림픽 위원장의 초청으로 카트만두에 정착하였습니다.

당시의 카트만두는 전기 사정이 열악하여 자주 정전되었으며 네팔의 관문인 트리뷰반 국제공항은 초라하였습니다. TV 방송도 없었던 시절에 한국의 건설업체와 한국문화는 카트만두를 변화시켰습니다. 삼부토건은 1982년 쿨레카니 수력발전소 댐 건설 공사를 완공하였으며, 석가모니 탄생지인 룸비니 성역화 사업도 주도하였습니다. 또한 고려개발은 1985년 카트만두의 관문인 트리뷰반 국제공항을 새롭게 신축하였습니다. 한국인들이 네팔왕국 삶의 질을 향상시킨 것입니다.

2011년 가을, 제자들의 초청으로 카트만두를 찾았습니다. 카트만두 트리뷰반 국제공항 주변은 새로운 건물들로 채워져 생소한 곳이 많았습

■ 카트만두 한국인의 쉼터였던 서울호텔과 아리랑 식당, 1984

니다. 추억이 깃든 옛 건물과 현재의 건물 모습이 한눈에 비교되면서 과거와 현재가 부딪쳤습니다. 파탄 거리의 상가와 추억 어린 타멜 거리는 관광객들이 차지하고 있었습니다. 카트만두와 포카라에는 한국 사람이 운영하는 음식점도 보였으며, 80년대의 모습과는 많이 달라져 있었습니다. 80년대 네팔에는 왕궁 앞 킹로드 사거리에 '아리랑 식당'과 쏠티호텔 입구에 서울호텔이 있었습니다. 서울호텔은 1984년 필자가, 아리랑 식당은 1985년 홍콩교포 김영배 씨가 오픈한 곳으로, 카트만두에서 유일한 한국인의 쉼터였습니다.

네팔왕국의 화사했던 나라얀히티 왕궁은 '박물관'으로 변모하였고 왕궁 별관은 철거되어 흔적만 남았습니다. 아름다웠던 왕궁 별관은 2001년 6월 1일, 왕실가족 만찬 모임에서 역사적인 총격사건으로 국왕과 그의 일가족 8명이 모두 숨진 곳입니다. 그리고 왕위는 만찬 모임에 불참한 첫째 프린스로 계승되었습니다. 네팔왕국의 피의 만찬 왕실 역사는 되풀이되었습니다. 새로운 국왕은 왕권 강화를 위해 의회를 해산하고 독재로 많은 사람들을 구속시켰습니다. 그리고 한동안 공포 정치를 하다 2006년 민중들의 민주화 요구에 왕정체제는 종지부를 찍었습니다. 200년을 통치하였던 네팔왕정이 역사 속으로 사라져 버렸습니다.

왕궁 앞 안나푸르나 호텔에서 잊을 수 없는 환대가 있었습니다. 네팔 민주공화국 현역 국회의원이 주최한 자리였습니다. 왕정 시절 카트만두에서 절친했던 제자들의 부모들이 모였는데, 대부분 새로운 정부의 국회의원 신분이었습니다. 우리는 서로 눈시울을 붉히며 기쁨의 재회를 나누었습니다. 식사 중간에 곰 발바닥 요리가 나왔습니다. 중국 음식으로는 최고급 요리인 '옌바오츠'라는, 영양분이 제일 많은 곰 앞발 요리라 하였습니다.



하루는 네팔왕국 마지막 국왕의 자문이셨고 80년대 필자를 네팔로 초청해 주신 전 올림픽 위원장 '샤라드 찬드라 샤하' 왕족의 숙소로 초대되었습니다. 그는 봄날 타오르는 봄볕처럼 뜨거운 우정으로 맞이해 주었습니다. 우리는 지나간 이야기로 시간을 보내며 술잔을 기울였습니다. 염소 갈비를 손에 들고 먹는 요령까지 자세히 알려 주었습니다. 그분은 정치 일정으로 술자리를 자주 접하면서도 나보고는 적당히 마시라고 타이르기도 하였습니다. 마지막에는 샴페인으로 건배를 하고 코냑 양주로 마무리를 하였습니다. 그분의 따뜻한 정이 담긴 만찬 자리였습니다. 필자와는 개인적으로나 공적으로 우정이 진하게 쌓인 사이였습니다. 한때는 세계태권도연맹 부총재로 태권도의 발전을 위해 노력하셨던 분이시기도 합니다. 우리는 추억의 온기를 느끼며 많은 이야기를 나누었습니다. 술잔을 기울이던 그의 얼굴은 빨간빛을 띠었습니다.

"신 구루와 같이하였던 때가 정말로 즐거운 때였다네! 지난 왕정 세월 뜨거운 경험도 많았다네!"

샤하 씨가 말문을 열었습니다. 그리고 한동안 창밖을 응시하다 한 방울의 눈물을 흘렸습니다. 우린 서로 우정의 눈으로 서로를 바라보았습니다. 그의 모습은 지난날 희망에 넘쳐 있었을 때와 비교하면 너무나 많이 변해 있었습니다. 그분의 불타던 커다란 눈은 모진 세월 속에 꽃처럼 져 버렸다는 것을 그의 얼굴에서 읽을 수 있었습니다.

"위원장님! 국왕을 모시며 조국을 위해 일하신 공로는 역사에 남을 것입니다."



내가 말했습니다.

"신 구루! 그런 말은 거두게! 내가 조국을 위해 헌신한 것은 가문의 임무였다네!"

그의 부친은 네팔왕국 참모총장을 하셨던 분이며 조부님은 따라이 (남부) 지역의 왕이었습니다.

"조국을 위해 헌신하였지만 결과가 좋지 못하였네!"

2006년 민중봉기 때 성난 민중들의 방화로 그의 사저는 소실되었으며, 와중에 그가 카트만두를 어렵게 빠져나가기까지 수많은 사연이 얽혀 있었습니다. 그리고 한때는 싱가폴에서 집 밖으로 나가는 것도 어려웠답니다. 사육장에서 주어진 먹이만을 바라보며 살았다고 합니다. 수많은 세월을 고독 속에서 자신에 파묻혀 살았다고 합니다. 그리고 무엇인가를 골몰히 생각하시다 다시 말문을 열었습니다.

"구루와 함께한다면 다시 한번 카트만두의 영광을 찾을 수 있으리라고 생각한다네! 구루는 미국에서 좋은 경험을 하였고 나도 뼈아픈 정치 경험을 하여 지금은 마음으로부터 기뻐한다네!"

한동안 침묵이 흐르다가 그는 다시 입을 열었습니다.

"나는 지쳤지만… 구루와 함께라면 얼마나 멋진 일인가! 아마 카트만두에 큰 화제가 될 걸세! 모르긴 해도 우리의 뜨거운 소망을 다시 한번 이뤄 볼 수 있을 것이네!"

그의 눈에는 올림픽에서 네팔 국기가 시상대에 올라가는 그림을 그리는 듯하였습니다. 그의 눈에서는 희미하게 앞날이 보이는 듯하였습니다. 나도 다시 한번 도전해 볼 만한 값어치가 있다고 생각되었습니다. 영광의 그림들이 내 머릿속에서 꿈틀거렸습니다. 그의 말 하나하나가 나의 마음을 강하게 붙들어 주었습니다. 카트만두에서 보냈던 80년대의 6년 세월이 내 과거의 전부인 것처럼 느껴졌습니다. 당시의 영광이 다시 솟구쳐 올랐습니다. 한동안 카트만두의 향기가 내 마음을 적시고 지나갔습니다. 그리고 그때의 영광들이 추억으로 되살아났습니다.

현관문을 나서면서 우리는 한동안 두 손을 잡고 힘차게 이별의 악수를 나누었습니다. 네팔 태권도의 도약을 위하여 다시 만날 것을 약속하고 아쉬운 작별을 하였습니다. 하지만 우리에겐 생각지도 못했던 이별이 되어 버렸습니다. 내가 미국으로 돌아온 지 7개월 만에 그분은 하늘나라 여행을 떠났습니다. 누구든 언젠가 겪어야 할 이별, 누구도 영원한 이별을 막을 수는 없습니다. 생명이 있는 것은 끝이 있습니다. 우리네 인생길도 그렇습니다. 삶이란 복잡하고 어려워 정답이 없는 것 같습니다. 훗날 어느 별나라에서 다시 만나 우정을 이어 가렵니다.

네팔 체육부 장관의 주선으로 네팔 수상과 네팔 체육 진흥에 대한 덕담을 나누고 제자들이 주선한 환영 행사장으로 이동하였습니다. 랑가살라 종합운동장 환영식장에는 수백 명의 제자들과 수상부인, 체육부 장관, 체육회장 및 국회의원이 된 80년대의 제자들이 따뜻하게 맞이해 주었습니다. 수상 부인의 감격적인 환영사를 들으며 나는 이런 생각에 잠겼습니다. 신의 뜻이 어디에 있는지 알지 못하지만 어렴풋이 들리는 것 같았습니다. 소리 없는 신의 목소리에 귀를 기울이니 내가 네팔을 위해 무엇으로 보답해 주어야 할지 가슴이 뜨거워졌습니다. 내가 원하는 꿈과 이상을 향해 다시 한번 아주 작은 걸음을 카트만두에 옮겨 놓을 인생길이 다가오는 것 같았습니다.

네팔 육군참모총장 관저에서 재회를 축하하였습니다. 총장 부부가 현관에서 정중히 맞이해 주었습니다. 내가 카트만두를 떠난 지 23년 만의 만남이었습니다. 네팔왕국 육군 태권도 1기생이었던 참모총장도 들뜬 기분으로 우정을 느끼고 있었고, 나도 다른 때와는 달리 말을 많이 하였습니다. 우리의 삶은 결코 무의미하지는 않았습니다. 우리는 행복에 도취되어 모두에게 손을 내밀어 힘찬 악수를 하였습니다. 모두 다 내 손을 힘껏 잡아 주었습니다.

우리의 얼굴에는 웃음과 행복이 넘쳐흘렀습니다. 그리고 네팔 육군 참모총장은 악의 없는 농담으로 좌중을 휘어잡았습니다. 이 세상에서 가장 맛있는 양고기와 냉동시킨 바닷가재, 참새우 구이, 음악이 나오고 술잔이 오가며 로맨틱한 분위기 속에서 80년대 초 육군 태권도 이야기 보따리가 풀렸습니다. 전등불이 꺼지고 영상이 나왔습니다. 1983년, 육군 태권도 훈련 모습과 1988년 서울 올림픽에서 네팔왕국 역사상 첫 올림픽 메달 수상식이 담긴 필름을 보고 있으니 나도 모르게 감동의 눈물이 흘렀습니다. 당시의 네팔 일간지와 TV 뉴스 보도, 우리가 네팔 체육사에 장미꽃을 피웠다는 사실이 감회에 젖어들게 하였습니다. 조용한 어둠이 비치는 시간, 만찬이 끝나자 참모총장이 메모지를 건네주었습니다. "신 구루, 내일 오전 육군본부에서 재회를 희망합니다." 간단한 메모였습니다. 다음 날, 약속 시간에 카트만두 시내에 위치한 육군본부에 들어서자 10여 명의 장성들이 일제히 거수경례를 하였습니다. 네팔 장성들은 따뜻한 감정과 단정한 매너를 지녔습니다. 그때를 생각하면 지금도 가슴이 벅찹니다. 네팔 육군 장성들은 그렇게 따뜻한 가슴을 지니고 있었으며 민주정부와 고른 사회를 누릴 자격이 충분합니다.

카트만두 여행을 한 사람들이 간혹 이야기 끝에 그곳에서 어떻게 살았냐고 반문할 때가 있습니다. 그 답답한 곳에서 6년을 살 수 있었던 비결이 무엇이었느냐고 말입니다. 저자가 네팔에서 버틸 수 있었던 것은 도전 목표가 생겼기 때문입니다. 내 마음의 동산에 작은 울림과 목표가 생기면 나는 미친 듯이 즐기는 버릇이 있습니다. 카트만두를 떠나기 하루

전날 쇼암부낫 템플로 오르는 200계단을 걸었습니다. 조금 조용한 곳에서 생각해 보고 싶은 것이 있었기 때문입니다. 쇼암부낫에 오르면 카트만두 시내가 한눈에 들어옵니다. 정들었던 카트만두 사람들! 내 젊음을 꽃피웠던 카트만두! 내 마음의 고향, 카트만두! 언제 다시 카트만두에 올지 모르지만 모두들 건강하고 즐겁게 또 만납시다! 카트만두에서의 아름다운 추억을 같이 만들었던 그때 그 사람들을 마음속 깊이 묻어 두려 합니다. 꽃이 지면 다시 피듯 현재는 비록 가난할망정 언젠가는 아름다운 꽃이 다시 피어날 것입니다. 네팔 민주공화국 국민들에 평화로운 미소가 번지기를 기원합니다.

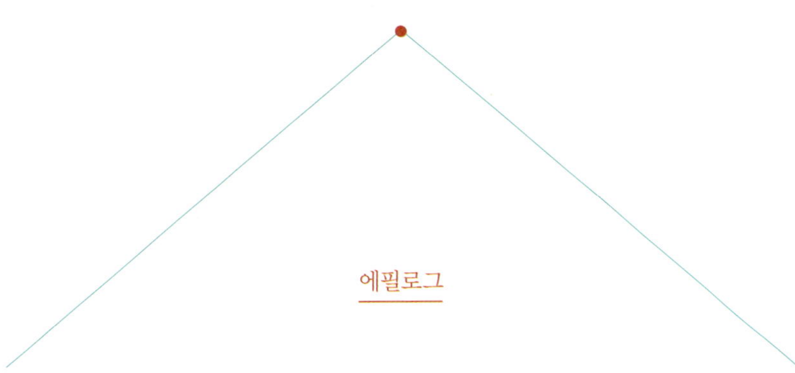

## 에필로그

『걸으니까 보이더라』, 『지구촌 끝까지』. 이 두 편의 책은 나의 여행 흔적 중 많은 부분이 될 것 같다. 나는 홍콩, 네팔, 부탄, 미국으로 옮겨 살며 가슴이 시리도록 아름다운 풍광을 만났다. 70년대 아시아의 쇼핑천국 홍콩, 숨이 턱까지 차며 몸이 부서질 듯 힘들었던 적막한 네팔왕국, 태양의 웃음을 주는 천상의 부탄왕국, 다양한 자연과 다른 세상이 펼쳐지는 미국, 지구촌의 거칠고 감미로운 자연은 내 영혼까지 일깨워 주었다.

나는 화려한 여행을 하는 것보다 색다른 삶의 여행을 하고 싶었다. 지구촌의 색다른 나라에서 색다른 문화를 체험하며 색다르게 느껴 보고 싶었다. 조금은 더 특별한 세상을 체험하고 싶었다. 그리고 백팩을 둘러메고 높고 낮은 산과 호수를 건너며 자연을 가슴으로 느끼고 싶었다. 꽃마다 향기가 다르듯 지구촌의 문화도 각기 달랐다. 지구촌의 숨결에서 많은 것을 느끼고 배웠다. 가슴이 시리도록 부드럽고 아름다운 인정은 삶의 지혜도 깨우쳐 주었다.

하늘과 땅의 경계가 포개진 히말라야의 하얀 산줄기, 강렬하게 빛나는 안데스의 색다른 노을빛, 눈부시게 파란 알프스의 청명한 하늘, 신비로운 자연을 가진 로키의 독특한 숨결은 아무 걱정도 없는 아이처럼 순진하게 생을 느끼게 해 주었다. 중년에 시작한 지구촌 백팩 트레킹은 가난했던 내 마음의 정원을 풍요롭게 채워 주었다. 나에게 여행은 보약과 같은 것이었다.

나는 여러 명이 같이 떠나는 여행보다 단출하게 떠나는 솔로 백팩 여행을 좋아했다. 혼자서 걸으면 생각에 잠기고 낯선 나를 만날 수 있기 때문이었다. 특히 고산 트레킹을 좋아했다. 높이 오르면 보는 것도 많아지며 감동과 여운도 특별하였다. 하늘 아래 숨겨진 정겨웠던 풍경들을 연상하노라면 지금도 행복한 생각들이 꽃처럼 새롭게 피어난다.

이 책을 마무리해 주신 출판사와 사진을 협조해 주신 고마운 분들이 있다. 123rf 티모시 맥고번, 히말라야 스튜디오 라잔카키, 그리고 이 책이 출판되기까지 격려해 주신 분들에 대한 고마움을 마음속 깊이 간직하련다.